数字化转型系列

聚变
数字化转型的支点与实践

Fusion
The Fulcrum and Practice of Digital Transformation

新华三技术有限公司——编著

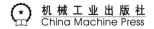
机械工业出版社
China Machine Press

图书在版编目（CIP）数据

聚变：数字化转型的支点与实践 / 新华三技术有限公司编著 . -- 北京：机械工业出版社，2022.6（2022.9 重印）

（数字化转型系列）

ISBN 978-7-111-70736-3

I. ① 聚… II. ① 新… III. ① 企业管理 – 数字化 – 研究 IV. ① F272.7

中国版本图书馆 CIP 数据核字（2022）第 076385 号

聚变：数字化转型的支点与实践

出版发行：机械工业出版社（北京市西城区百万庄大街 22 号　邮政编码：100037）	
责任编辑：王　颖　　冯秀泳	责任校对：马荣敏
印　　刷：保定市中画美凯印刷有限公司	版　　次：2022 年 9 月第 1 版第 3 次印刷
开　　本：170mm×230mm　1/16	印　　张：17
书　　号：ISBN 978-7-111-70736-3	定　　价：89.00 元

客服电话：（010）88361066　68326294

版权所有・侵权必究
封底无防伪标均为盗版

本书编委会

主　　任：于英涛
副主任：李涛、刘小兵
主　　编：李毅
副主编：王伟、闫军
编　　委：谌平、彭小莉、周瑞
　　　　　龚勇、顾成杰、李富

特别感谢：

王燕平、李乔、杨玺、杨松涛、赵飞、刘强、顾松、李化、董大珩、刘赞、武淑娇、朱宝刚、何凡、汤海华、马乐、秦冠男、王乐、王颖妮、刘倩、酉海华、赵国卫、陈晓玲、郝敬昱

序 言 Foreword

在"十四五"规划开启的新发展阶段,数字经济正逐步成为主要的经济形态。中国信息通信研究院发布的《中国数字经济发展白皮书（2021年）》显示,中国的数字经济规模在2020年已达39.2万亿元,占GPD的比重达到38.6%。在数字经济时代,借助数字世界强大的可连接、可汇聚、可推演能力,进行产品、业务和商业模式的创新与重构,以更低的成本、更高的效率,为客户提供更好的服务和体验,已经成为关乎百行百业生存和长远发展的"必修课",产业数字化已经成为"刚需"和不可逆的时代潮流。

产业数字化的高速发展,离不开关键数字技术创新的牵引。关键数字技术能够为新理念、新模式的应用提供至关重要的支撑与保障,是数字经济创新发展的支点和力量倍增器。面对数字化转型的机遇和挑战,需要越来越多的领先ICT企业,担当起关键核心技术攻关者和创新者的角色,用完整、先进的数字化技术、产品和解决方案,助力产业中各领域企业加速数字化转型的进程。同时,关键数字技术的突破也需要成熟的数字产业化配套,为其提供良好的创新氛围和基础条件支撑。从整体上看，关键数字技术创新、产业数字化、数字产业化构成了数字经济发展的"一体两翼"。

在数字产业化和产业数字化协同发展的进程中，得益于制度优势、文化传统和市场空间，中国已经诞生了一批数字化领军企业和机构，为传统产业的数字化转型提供了坚实的技术和解决方案支撑。但同时我们也要看到，数字化转型所引发的蜕变还涉及企业文化、组织流程、商业模式、员工技能等多个领域，在转型中需要关注组织内所有动能与潜力的聚合，在业务模式、组织、文化、思维意识等方面进行全方位、系统化的变革。

因此，数字化转型从来都不是一条通畅的坦途，每个优秀成果的背后都需要大量的思考和探索去支撑。在本书中，我们非常荣幸地邀请到多位行业专家，他们从亲历者的视角分享了推进数字化转型过程中的经验，让我们能够更好地基于实践梳理数字化转型的思路、框架和路径。同时，可以更为直观地看到他们在面对各种挑战时所展现的战略定力、进取心以及应对策略，我相信这对大家会有很好的指引与借鉴意义。

总之，数字化转型是一项影响深远的战略，新华三将致力于与更多的企业和机构互相学习、携手共进，共同绘制数字化时代的绚丽画卷。

于英涛
紫光股份董事长
新华三集团总裁兼首席执行官

前言 Preface

2019年,《数字化转型之路》出版,其中印象最为深刻的经历是走进多个企业开展关于数字化转型的访谈。每一位访谈嘉宾作为开拓者和实践者都非常开放地阐述了对于数字化转型的理解与实践心得,他们的思考和感悟对我们而言是难能可贵的宝贵经验,也启发了广大读者对数字化的认知与理解。

过去两年,中国的数字经济不仅继续保持着高速增长,而且还克服了新冠肺炎疫情(以下简称"疫情")带来的巨大挑战。经过艰苦卓绝的努力,中国成为2020年全球主要经济体中唯一实现经济正增长的国家。伴随着不断涌现的新业态、新模式进入各行各业,数字经济核心产能也达到了新的高度。数字化是这背后非常重要的推动力,数字化转型对于各行各业而言已经成为需要深刻思考、系统性规划并坚定推动执行的关键战略选择。于是我们又抱着极大的热情投入到本书的写作中,希望能够汇集业界对于数字化转型的深刻思考,梳理数字化转型的思路、框架和路径,助力企业和机构的数字化转型。

本书的第 1 章从数字经济的发展成果入手，论述了疫情背后数字化所展现的强大潜力及疫情对数字化进程所带来了加速效应。在以客户为中心的价值体系基础上，提出了数字化转型的框架，从而体系化地展现数字化转型所涉及的各个方面。

在数字化转型中 IT 部门的重要性不言而喻，它们是数字技术和新理念、新模式的重要践行者，是影响着数字化转型成效的支点。在第 2 章中首先阐述 IT 部门的管理方法、理念的转变，并且全面探讨了构建数字化转型支点的 6 个方面及其相应的能力。

第 3 章对新基建和数字产业化进行了全面的梳理，即对数字产业化是数字经济的基础进行了论述，也对 5G、新型数据中心、人工智能和工业互联网进行了全面的阐述。一方面介绍了数字产业化的发展现状，另一方面全面分析了其典型应用场景和发展趋势。

第 4 章汇集了多个行业实践者的访谈，充分展现了医疗行业、交通行业、能源行业、产业园区、工程建设行业、数字乡村、教育行业及制造业在数字化转型方面的代表性实践。每一位访谈嘉宾都非常深入地阐述了所在行业的特点及发展趋势，结合自身的数字化转型实践提出了心得与体会。他们在面对挑战和困难时所制定的应对策略和实践举措是能力与智慧的充分展示，也对大家具有很强的实践指导意义。

第 5 章首先探讨了数字化转型中一些常见的困惑问题。由于数字化转型的过程是组织内能力不断提升的过程，所以我们结合成熟度理念提出了五个阶段的数字化转型路径。这有助于管理层对企业的当前能力和转型关键点有所了解并准确评估，进而对下一步的重点与提升也有明确的认识。另外，本章也对人才培养进行了阐述，探讨了人才培养的转变与重要理念。

数字化转型是涉及业务模式、组织、文化、意识思维等诸多方面的系统性变革，因此撰写本书的出发点就是为了对数字化转型的框架、步骤和实践进行全面的论述，汇集大家的智慧为每一个数字化转型的参与者提供参考和借鉴。本书从IT管理者的关注点出发，为数字化转型打造一个坚实、稳定的支点，让数字化转型能够撬动更大的机遇与潜能。

Contents 目 录

序言
前言

第1章 数字化转型应势而为 ·················· 1
    1.1 数字经济大有作为 ·················· 2
    1.2 "战疫"背后的数字化 ·················· 4
        1.2.1 疫情加速数字化进程 ·················· 7
        1.2.2 疫情下的数字经济逆势强劲发展 ·················· 9
    1.3 数字化转型框架 ·················· 12

第2章 数字化转型的支点 ·················· 25
    2.1 从 ITIL 看关注点的转变 ·················· 26
    2.2 理念的转变 ·················· 29
        2.2.1 洋为中用 ·················· 29
        2.2.2 中西合璧 ·················· 32
        2.2.3 东风劲起 ·················· 34

2.3 构建数字化转型的支点 ································· 35
　　2.3.1 构建数字平台 ································· 36
　　2.3.2 运维体系智能化 ································ 45
　　2.3.3 数据资产管理 ································· 56
　　2.3.4 深化安全保障 ································· 63
　　2.3.5 支撑业务流程再造 ······························ 72
　　2.3.6 助力人才数字素养的提升 ························· 73
2.4 数字化转型的能力 ··································· 75
　　2.4.1 产品创新能力 ································· 76
　　2.4.2 数字化营销能力 ································ 77
　　2.4.3 生产与运营管控能力 ···························· 77
　　2.4.4 数据开发能力 ································· 78
　　2.4.5 用户服务能力 ································· 79
　　2.4.6 合作生态能力 ································· 80

第 3 章 数字产业化与新基建 ······························ 81

3.1 数字产业化是百行百业数字化转型的基础 ················ 82
3.2 5G ·· 85
　　3.2.1 5G 及其发展现状 ······························ 85
　　3.2.2 5G 的应用场景与机会 ··························· 89
3.3 新型数据中心 ····································· 92
　　3.3.1 数据中心及其发展现状 ·························· 92
　　3.3.2 建设新型数据中心是未来方向 ···················· 95
3.4 人工智能 ··· 98
　　3.4.1 无处不在的人工智能 ···························· 98

3.4.2　典型的人工智能应用场景 …………………………………… 102
　　　3.4.3　可信人工智能发展将是未来最大的挑战 ……………………… 109
　3.5　工业互联网 ………………………………………………………………… 111
　　　3.5.1　工业互联网发展现状与前景 …………………………………… 111
　　　3.5.2　工业互联网典型案例 …………………………………………… 114

第4章　产业数字化实践 …………………………………………………… 124

　4.1　医疗行业 …………………………………………………………………… 125
　　　4.1.1　案例1：生产科研两手抓，打造智慧医疗 …………………… 128
　　　4.1.2　案例2："战疫"背后部署数字援军 ………………………… 137
　4.2　交通行业 …………………………………………………………………… 142
　　　4.2.1　案例1：凤凰展翅，机场数字化建设 ………………………… 146
　　　4.2.2　案例2：打造"中国338"，建设智慧地铁 ………………… 158
　4.3　能源行业 …………………………………………………………………… 163
　　　4.3.1　案例：突破常规，勇于实践 …………………………………… 165
　4.4　产业园区 …………………………………………………………………… 172
　　　4.4.1　案例：励精图治，持续创新 …………………………………… 173
　4.5　工程建设行业 ……………………………………………………………… 188
　　　4.5.1　案例：打造基建新名片 ………………………………………… 189
　4.6　数字乡村 …………………………………………………………………… 194
　　　4.6.1　案例：数字化赋能未来乡村 …………………………………… 195
　4.7　教育行业 …………………………………………………………………… 201
　　　4.7.1　案例：打造智慧校园需要内生驱动力 ………………………… 202
　4.8　制造业 ……………………………………………………………………… 210
　　　4.8.1　案例：数字化转型最终落实在人的转型 ……………………… 211

第 5 章 落地数字化转型 217

- 5.1 解惑数字化转型 217
- 5.2 数字化转型路径 224
  - 5.2.1 规划与推动 225
  - 5.2.2 重点突破 227
  - 5.2.3 有效变革 229
  - 5.2.4 全面同步 230
  - 5.2.5 数字生命体 231
- 5.3 数字化转型的挑战与应对 231
  - 5.3.1 流程再造的阻力 232
  - 5.3.2 低质量的数据管理与分析 233
  - 5.3.3 缺乏战略指引与定力 235
  - 5.3.4 "两个世界"问题 236
- 5.4 数字化转型的组织管理 237
  - 5.4.1 打造敏捷组织 237
  - 5.4.2 大规模敏捷在组织内的应用 238
  - 5.4.3 业务与 IT 深度融合 240
  - 5.4.4 建立统一的流程 242
- 5.5 数字化人才培养 244
  - 5.5.1 人才培养的转变 245
  - 5.5.2 技术与思维并举 248
  - 5.5.3 专业人才培养示例 251

结束语 257

Chapter 1 | 第 1 章

数字化转型应势而为

随着人类经历多次工业革命,科技水平与生产/消费方式都发生了巨大的变化,社会创新能力也不断攀升。当前以物联网、人工智能、大数据等技术为驱动力的第四次工业革命蓬勃兴起,它所推动的数字化浪潮也深刻地影响着全世界的经济格局,中国作为至关重要的一员也在其影响下发生着巨大的变化。

从人类科技发展的足迹可以看到,随着技术的不断发展,人类不仅能够支配更大的能量,还能够处理更为巨量的信息。当下的竞争更多地体现在信息处理和加工能力的竞争。数字化变革是企业应对未来竞争时的必然选择,也是整体社会及产业技术进步和能力提升的要求使然。

1.1 数字经济大有作为

我国经济已由高速增长阶段转向高质量发展阶段，正处在转变发展方式、优化经济结构、转换增长动力的攻关期。建设现代化经济体系是跨越关口的迫切要求，也是我国发展的战略目标。在此过程中，迫切需要网络信息技术和产业的创新驱动。因此，必须把握好新一轮科技革命和产业变革的历史契机，做大做强数字经济，以信息化培育新动能，用新动能推动新发展[1]。

2021年是"十四五"开局之年，2021年3月11日，第十三届全国人民代表大会第四次会议审议通过《中华人民共和国国民经济和社会发展第十四个五年规划和2035年远景目标纲要》。该纲要中提出"打造数字经济新优势。充分发挥海量数据和丰富应用场景优势，促进数字技术与实体经济深度融合，赋能传统产业转型升级，催生新产业新业态新模式，壮大经济发展新引擎"。在"十四五"乃至更长时期，数字经济在提高经济运行效率、培育新发展动能、畅通国内国际双循环方面将发挥越来越重要的作用，数字经济新发展格局开始逐步呈现[2]。中国信息通信研究院（简称中国信通院）发布的《中国数字经济发展白皮书（2021年）》显示，2020年我国数字经济规模已经从2005年的2.6万亿元扩张到39.2万亿元，数字经济占GDP比重也从2005年的14.2%提升至38.6%，2020年其占比同比提升2.4个百分点。

伴随着新一轮科技革命和产业变革持续推进，数字经济已成为当

---

[1] "发展数字经济：培育中国经济发展新动能"，见 http://www.cac.gov.cn/2019-01/30/c_1124062570.htm。

[2] 可见新华三集团数字经济研究院与中国信息通信研究院云计算和大数据研究所发布的《中国城市数字经济指数蓝皮书（2021）》。

前最具活力、最具创新力、辐射最广泛的经济形态,是国民经济的核心增长极之一。《二十国集团数字经济发展与合作倡议》中提出"数字经济是指以使用数字化的知识和信息作为关键生产要素、以现代信息网络作为重要载体、以信息通信技术的有效使用作为效率提升和经济结构优化的重要推动力的一系列经济活动"。作为数字经济的特点之一,数据成为关键生产要素。数据的价值产生于数据的聚合和处理,对原始数据收集、分析和处理后可以用于商业或社会公共目的。数据可以渗透到整个经济运行过程,通过对海量数据的处理分析以及与其他各行业结合的有效利用,提高全要素生产率,从而推动我国经济增长的质量变革、效率变革、动力变革。目前,美国和中国在数据利用方面处于领先地位,这表现在:5G采用率最高、占全球超大规模数据中心的50%、占全球顶尖人工智能研究人员的70%以及人工智能初创公司所有资金的94%[1]。

为了提升企业生产效率、政府政务能力、城市智慧化发展水平,首先要继续加大新型基础设施建设力度,充分发挥5G、数据中心、工业互联网等"新基建"的头雁效应,提供数据全生命周期的支撑能力,激活数据要素潜能。另外,还要持续提升对所汇聚海量数据的实时采集、跨界流动、动态分析及快速应对能力,促进数据运营平台的实施落地和应用深化,推动跨部门、跨区域、跨领域数据的深度打通,全方位推进转型升级新路径。《中国城市数字经济指数蓝皮书

---

[1] 联合国贸易和发展会议(UNCTAD)发布《2021年数字经济报告(跨境数据流动与发展:数据为谁而流动)》(" Digital Economy Report 2021(Cross-border data flows and development: For whom the data flow)"),见 https://unctad.org/system/files/official-document/der2021_en.pdf(中文概述版可见 https://unctad.org/system/files/official-document/der2021_overview_ch.pdf)。

（2021）》中指出目前数字经济发展浪涌潮兴，数字经济的新一线城市数量增幅超过60%，一系列的新业态、新模式为经济增长提供新动能，数据要素也大大推动了城市现代化治理能力的升级。除此之外，数字乡村、高新区、经济开发区等区县发展也初现成效，成为引领中国社会经济高质量发展的重要引擎。

1.2 "战疫"背后的数字化

2020年伊始，一场突如其来的新冠肺炎疫情席卷华夏大地，其严重性和危害性都远远超出所有人的预期。2020年1月23日武汉宣布"封城"，一座有着900多万人的大型城市按下了暂停键，全民战疫进入了至暗时刻。76个日日夜夜里，全民上下众志成城，4万多医护人员驰援湖北，最终在4月8日迎来武汉"解封"。这不仅为中国遏制疫情的进一步蔓延攻克了最为重要的难点，也为世界抗疫赢得了宝贵的时间。

在武汉封城期间，鼓舞人们战疫并坚定战胜一切困难的信心的重要事件之一是火神山医院和雷神山医院的建设——一座功能齐备、技术先进的专门医院仅仅用了10天时间就拔地而起。按照常规流程，一座建筑量超过3万平方米的医院，至少需要2年才能建设完成。然而在与疫情赛跑的时间争夺战中，一群关键时刻挺身而出的平凡者所展现的中国速度震惊了全世界。

- 1月23日武汉决定参照北京小汤山医院模式建设火神山医院，不到24小时医院设计图纸就送达武汉。

- 在仅用一天时间完成大部分工地平整工作后，1月25日火神山医院正式开工建设。
- 1月29日完成现场场地平整和回填，水电暖通、机电设备等材料全面到位，同步开始作业。
- 1月31日火神山医院全部通电，同时仅用12小时建成基于千兆光纤的远程会诊系统。
- 2月1日火神山医院项目场地基础施工全部完成。
- 2月2日火神山医院正式交付，开始接收患者。

在这些振奋人心的速度背后，不仅有建造技术创新的功劳，也有建筑信息建模（Building Information Modeling，BIM）、云计算、5G等数字化技术手段的支撑。BIM的协同管理功能提高了设计和施工的效率，确保了如期完成任务；通过BIM建筑数字模型信息在设计、施工、运维等各个阶段进行模拟化、可视化、空间分析等应用，不仅能够提高设计精准度，减少施工失误，而且能够在过程中更为直观合理地进行传染路径阻断设计，从而助力火神山医院、雷神山医院如期达标地完工。这无疑充分展现了BIM技术应用的优势⊖。

面对疫情的紧迫性，同步开展的是最短时间内配套IT系统的建设，并且需要持续稳定运行来支撑医院的就诊、检验、治疗以及管理等医疗信息系统运行。首先是实现了光纤固网与5G基站的快速构建，从而有效保障了远程会诊的系统建设，实现解放军总医院医疗能力快速服务火神山医院；医疗专网采用了接入–汇聚–核心三层全万兆组网、虚拟化、双链路冗余部署，提供稳定、可靠、高性能的网

⊖ "火神山速度：'中国奇迹'背后的BIM技术"，见 https://xw.qq.com/amphtml/20200228A0D0F000?ivk_sa=1024320u。

络承载，外联运营商专线实现云端资源的高速互通，满足医疗核心应用全面上云的需要。另外，还需要保障从患者建档、诊疗、护理到医院的智能化管理。患者入院治疗全过程的病历数据、检验数据、医疗影像等数据通过网络实时共享，提高诊疗效率；基于云计算平台所提供的灵活资源调度能力，在极短的时间内实现首批 26 个核心应用（如云端 HIS、PACS、LIS 及 RIS 等）的上线，实现了医院运作所需的必备业务系统。

一座现代化防疫医院从无到有、拔地而起时，全国人民通过电视直播看到的是众多忙碌其间、英勇奋斗的身影，其实背后还有一系列数字技术和创新技术的支撑。虽然这些技术没有展现在台前，却起着至关重要的作用。新的技术手段突出体现了在项目精细化管理、仿真模拟、参数化设计、快速应用部署等方面的优势，从而保证建设过程中能够高效协同众多的工程设备、根据现场的反馈及时调整设计细节、IT 系统及医疗设备高效实现联调联测等。

另一个展现中国速度的例子便是涉及所有人的健康码，它在助力疫情防控和复工复产中发挥了重要的作用。全国的第一个健康码是杭州余杭区健康码，它从 2020 年 2 月 4 日提出任务到 2020 年 2 月 7 日上线试运行，只用了三天的时间。到 2020 年 2 月 10 日面向全区运行时，访问量已经突破一亿次。随后在不到 7 天的时间升级为杭州健康码，在全市范围内全面应用。健康码的应用涵盖了社区管理、企业复工、交通出行、学校开学、买药登记、超市商场等使用场景，可以协助社区、企业、学校等做好防疫管理及疫情控制等重点工作。在疫情防控和复工复产中，健康码可以实现高效率的人员流动管理，在办公楼、商场、地铁、火车站等人流密集的地点提高过检效率，避免过多的人员接触和聚集。

通过健康码能够更加准确地掌握外来返乡人员的基本信息，从而极大地提高了防控效率。另外，在卡口体温测量时一旦发现异常，也能够通过绿码及时上报信息中心，从而第一时间开展对异常人员的处置。

健康码展现了地方政府在重大突发公共事件治理中的创新思维，其背后的管理信息系统以真实数据为基础，实现了从政府采集到自主申报的转变，使城市数字化转型在基层治理中发挥更显著的作用。健康码通过数字手段实现了全人群覆盖、全信息整合、分层精密智控，成为数字政府建设的一个典型的成果。疫情防控工作中，健康码通过对医院流行病学调查、公安信息数据等综合对比分析，在寻找、锁定重点人员过程中起到关键作用。2020 年 12 月 10 日，国家卫生健康委、国家医保局、国家中医药局联合发布了《关于深入推进"互联网＋医疗健康""五个一"服务行动的通知》，其中要求各地落实健康码全国互认、一码通行。在 2021 年长达 40 天的春运期间，虽然很多人选择就地过年，但预计仍然有 8.7 亿人次出行。面对如此巨大的人员流动规模，全国互认的健康码为疫情防控提供了极为有力的支撑。

1.2.1 疫情加速数字化进程

在数字战"疫"的过程中，社会各个方面都发生了显著的改变。首先是广大的学生群体由于延期开学而不能如以往那样坐进教室，于是根据教育部提出的"停课不停教、不停学"的要求，各种科目的网课如同雨后春笋般迅速涌现出来。在之后若干次疫情反复的过程中，网课始终是学生得以坚持学习的关键保障。网课的兴起，一方面让更多的家庭开始安装家庭宽带，另一方面也让数字校园建设的步伐不断加快，很多学校实现了互联网接入，从而进一步深化了教育资源的开放共享。

疫情的最大影响是逼停了整个社会经济，虽然在全民一心地严格执行各项政策要求后，中国经济得以在全球范围内率先实现复工复产，但是在此期间人们的工作方式已经发生了深刻的改变。由于面对面的沟通与交流受到太多的局限，因此线上会议、协同办公等手段成为日常工作的常态，数字化手段一定程度上缓解了物理隔离带来的不便，而且也让更多的人开始逐渐习惯移动办公的方式。让企业在数字化建设进程中，利用数字化手段来提升沟通和协作工作的优先级，同时也助力了很多流程自动化的进程。另外，远程办公的推广，也进一步要求信息部门付出更多的努力来保障系统和数据的安全性。

随着人们将学习、工作、消费、娱乐越来越多地转移到线上，以及政府愈发依赖互联网来开展网络扶贫、在线政务服务、精准防控等工作，数字基础设施的建设也在不断推进。"十三五"期间，国家在数字化建设方面大力投入，数字中国建设取得了世人瞩目的成就。一方面，电信运营商持续保持对数字基础设施建设的投入，从而进一步保障了网络连接的全面性，让更多的个体和组织建立了可靠、高效的数据连接通道。在脱贫攻坚战中，网络扶贫也彻底解决了贫困地区不通网的难题。截至2020年底，贫困村通光纤比例由电信普遍服务试点之前不到70%提高到98%，深度贫困地区贫困村通宽带比例从25%提升到98%。另一方面，已经在国内蓬勃发展的电子商务进一步落地农村，目前电子商务进农村综合示范已累计支持1338个县，实现对 832 个国家级贫困县的全面覆盖，我国农村网络零售额由 2014 年的 1800 亿元，增长到 2020 年的 1.79 万亿元⊖。

在 2021 年国务院《政府工作报告》中，将"坚持创新驱动发展，加快发展现代产业体系"作为"十四五"时期经济社会发展的主要目标和重大任务。报告指出，将继续加快数字化发展，打造数字经济新优势，协同推进数字产业化和产业数字化转型，加快数字社会建设步伐，提高数字政府建设水平，营造良好数字生态，建设数字中国。

1.2.2 疫情下的数字经济逆势强劲发展

突然暴发的新冠肺炎疫情，对中国乃至全球经济带来了巨大的冲击，停工、停产、停业打乱了既定的发展节奏，给社会各个层面带来了巨大的压力和挑战。但是在以习近平同志为核心的党中央的坚强领导下，全国上下秉持坚定的攻坚克难的决心，全民参与抗疫工作，严格执行隔离政策，最终在全球率先实现复工复产，而且经济恢复取得了举世瞩目的成绩。历经一年艰苦卓绝的努力，中国成为全球主要经济体中唯一实现经济正增长的国家，全年国内生产总值增长 2.3%。伴随着不断涌现的新业态、新模式进入各行各业，数字经济核心产能增加值占 GDP 比重已经达到 7.8%⊖。

《中国数字经济发展白皮书（2021 年）》中分析显示，2020 年我国数字经济发展在历经疫情的洗礼后，依旧保持加速发展态势。我国

⊖ 国家互联网信息办公室发布《数字中国发展报告（2020 年）》，见 http://www.cac.gov.cn/2021-06/28/c_1626464503226700.htm。

⊖ 国家互联网信息办公室发布《数字中国发展报告（2020 年）》，见 http://www.cac.gov.cn/2021-06/28/c_1626464503226700.htm。

数字经济规模在 2020 年已经达到 39.2 万亿元，占 GDP 比重同比提升 2.4 个百分点至 38.6%，而且其增速已经是同期 GDP 名义增速的 3.2 倍，保持在 9.7% 的高位持续增长。另外，2020 年我国数字产业化规模达到 7.5 万亿元，占数字经济比重为 19.1%；产业数字化规模则达到 31.7 万亿元，占数字经济比重为 80.9%。

由于疫情，导致人们在相当长的一段时间里外出购物、餐饮和娱乐等活动大幅度减少，于是便直接推高了网上消费的比重。在经历了几年的发展后，直播电商的生态系统更加完善，到 2019 年直播电商已经进入爆发期。2020 年的新冠肺炎疫情，进一步推进了直播电商的迅猛发展，成为 2020 年发展最为迅猛的互联网应用之一。CNNIC（中国互联网络信息中心）在第 46 次《中国互联网络发展状况统计报告》中指出，截至 2020 年 6 月，我国网络直播用户规模达 5.62 亿，较 2020 年 3 月增长 248 万，占网民整体的 59.8%。其中，电商直播用户规模为 3.09 亿，较 2020 年 3 月增长 4430 万，占网民整体的 32.9%。《迈向万亿市场的直播电商》中表示，从市场规模上看，直播电商在 2019 年整体市场规模达到 4338 亿元，同比增长 210%，在电商市场中的渗透率为 4.1%，预计在 2020 年直播电商整体规模将突破万亿，达到 10 500 亿元，渗透率将达到 8.6%[⊖]。

直播电商的爆发式增长，凸显了消费端的一些新变化：

- **消费选择的方式发生变化**。在直播电商兴起之前，消费者选择商品的主要途径是在电商平台的搜索引擎中按照特定的关键字

⊖ 毕马威联合阿里研究院发布《迈向万亿市场的直播电商》，见 https://assets.kpmg/content/dam/kpmg/cn/pdf/zh/2020/10/live-streaming-e-commerce-towards-trillion-market.pdf。

检索商品，或者对推荐平台提供的商品进行选择。在这种模式下，消费者需要自行完成商品各方面信息的对比，加之缺少商品使用直观体验的信息，因此从体验角度看存在不足。而在电商直播方式下，主播团队已经在一定程度上完成了产品对比和筛选，而且在直播过程中主播能够在视频中对商品的详情、使用效果等以更加直观的方式进行展示，同时辅以直播平台所提供的双向互动功能，让消费者的参与感提升，从而能够更好地享受购物的乐趣。

- **消费环节减少**。直播电商提供了一种与客户距离更近的营销方式，降低了生产到消费之间的环节，压缩了中间渠道。通过直播导流，能够降低仓储、分销等方面的压力。由于直播不受地点、场地的限制，也能够让消费者直接看到商品生产过程，凸显企业的优势所在，从而进一步结合互联网的双向互动优势助力 C2B 模式的实践，为制造业数字化转型提供新的动力[1]。

- **农产品销售搭上直播的直通车**。农产品往往存在出产季节性强、产品保鲜周期短等问题，如果遇到供销体系瓶颈，就会造成巨大的经济损失。随着运营商把网络覆盖到绝大多数乡村，直播电商的出现让农户通过手机就能与千里之外的消费者连接起来。以淘宝直播的"村播计划"为例，该计划自2019年启动以来，一年内直播场次已达140万，覆盖31个省区市的2000多个县，带动了6万多个新农人加入直播，农产品销售额达60亿元，超过500名县长走进直播间带货，帮助农民实现增收。一方面使得电子商务拓展到了更为广大的地区，增加了

---

[1] 毕马威联合阿里研究院发布《迈向万亿市场的直播电商》，见 https://assets.kpmg/content/dam/kpmg/cn/pdf/zh/2020/10/live-streaming-e-commerce-towards-trillion-market.pdf。

更多的商品类目，另一方面也为物流等相关产业带来了更大的增长空间。

此外，电子商务的发展也呈现了从"人找货"到"货找人"的转变。以前消费者在电商平台通过搜索找到特定的商品，然后通过商品展示的信息来对比、选择中意的商品。随着电商进入抖音平台，平台可通过算法匹配主动将特定的商品推送给潜在用户，这种方式让兴趣电商成为数字营销领域的全新生力军。

1.3 数字化转型框架

当下国内外宏观经济、竞争形势持续发生变化，人们戏称唯一确定的就是"不确定"。数字化的价值就体现在通过数字技术的能力来降低信息中的不确定性。数字产业化与产业数字化转型的协同推进，是建设数字中国的关键举措。企业作为践行转型实践、融入产业升级的关键角色，对于数字化转型需要有清晰的认知，并积极主动地开启相应的推进工作。企业在宏观经济环境、产业升级发展、市场竞争等多种因素影响下，需要结合自身的特点来充分分析并制定相应的数字化战略来推进相应的转型。

在当前的节点上，企业已经不仅仅要关注数字化转型的价值和意义，而是要切实考虑如何开启转型并坚定地面对挑战，在转型前期坚实地走好每一步。数字化转型是顺应科技与产业变革趋势，以数字化技术为基础，以数据为核心驱动力，通过价值体系重构、新型能力构建等方式激发数据要素的创新驱动潜能，实现业务优化升级和创新发展的系统性变革。因此数字化转型是一项复杂的系统工程，同时涉及企业文化、价值理念、战略管理、技术架构、运营模式、市场营销、业务拓展等诸多要素。

在规划数字化转型时，应该以价值导向为驱动来梳理、确定转型的策略与核心举措。如图1-1所示，所有策略的起点都是以客户为中心，以给客户带来价值为基准对相关的决策进行评估。总体而言，组织发起一系列变革的主要目的就是通过企业的产出来创造满足特定客户需求的价值，并且通过有效的途径与手段让这些价值传递给特定的客户。为了达成这样的目的，企业自身需要通过产品服务创新来实现价值的创造，并且通过商业模式的创新来实现交易成本的降低，从而以最有效的方式将价值传递到客户侧。为了支撑以上的核心举措，企业还需要努力提升自身的运营效率，充分激活组织自身的活力与创新潜力。综上所述，我们认为数字化转型的目标在于实现产品/服务的创新、商业模式的创新以及经营管理效率的提升，而不能一味为了数字化而数字化。

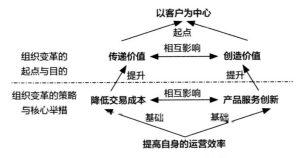

图1-1 以客户为中心的价值体系

数字化转型对企业而言是影响深远而且涉及组织各个层面的一系

列变革，图 1-2 中的数字化转型框架能够展现数字化转型中众多层面的工作之间的关联与促进。

图 1-2　数字化转型框架

价值战略对数字化转型有着关键的指导与牵引作用，可通过价值体系的优化为企业发展战略、能力构建等提供最直接的指引。价值战略中包含价值体系和业务场景两个方面。价值体系决定了企业在转型过程中不仅要考虑经济价值，还要考虑社会责任。价值效益的考量有助于企业能够一以贯之地达成数字化转型的目标并不断地实现创新发展。结合特定的业务场景，达成影响企业效率提升、成本降低、质量提高等综合目标，才能实现高质量的发展。

价值创造与传递是以客户为中心来确定如何创造客户认可的价值，而且能够以最有效的方式传递给客户。企业提供能够交付给客户的承载着价值的产品/服务，其中涉及从产品研发、产品制造到服务交付的全流程。营销/生态构建了连接客户的重要途径，通过商业模式的创新能够最大化地将产品和服务所创造的价值高效输出给客户。

价值支撑与保障作为数字化转型的基座，涵盖数字平台、运营与管控、文化等方面。首先数字平台将能够承载所有的业务需求，实现对客户、员工、合作伙伴和供应商的全面连接，并能够运用大数据、人工智能等数字化技术实现对数据的整合、分析与挖掘。运营与管控涉及业务流程的优化，目的是提升内部资源利用、协同合作等方面的效率。此外，文化的建设在数字化转型中也具有极为重要的意义，它将深刻影响组织内每一个成员的价值判断和行为模式，在意识层面决定每一个个体的进取心和主动创新性。

数字化转型对企业意味着全新的能力构建，能够帮助企业提升竞争力，赢得更大的发展空间和经济效益。企业为此需要相应的人力、物力等方面的投入，IT部门在这个过程中起到了支点的作用，影响着投入与产出的杠杆效率。IT部门是企业数字化转型的关键力量，除了数字化技术的运用与创新，承担所有业务条线系统的开发与运维，还将发挥专业能力落实数据获取、分析、挖掘及治理等方面的重点任务，为智能决策提供强有力的支撑。

企业在推进数字化转型时应结合自身业务特点来开展有针对性的转型。相比于ToC的企业，ToB企业具有以下几个特点：

- **交易周期长、途径复杂**。客户的交易达成往往涉及立项、方案验证、招投标、供货等严格的流程制约，所以交易达成的周期相对较长，而且需要渠道分工的协作配合。
- **对产品化要求高而且实施成本高**。产品不仅要满足特定的功能要求，还要求能够与客户系统中的现有体系无缝衔接，而且在品质、规格方面也有一系列严格要求，因此所有的产品均需要通过全面的严格测试。由于现有系统平台的复杂性，产品的选型、上线等均需由专业人员完成，这样才能保障产品的配置满足特定的要求。

- **更加关注服务质量**。网络运行阶段在产品的生命周期中占比很大，其间需要专业的服务团队持续不断地对设备状态、系统运行情况进行监控，而且还需要根据业务的变化及时进行配置变更和升级维护。所以厂商所提供的专业服务是保障系统稳定运行并且能够及时响应业务的变革需求的关键因素，也是厂商核心竞争力的关键成分。

- **对现金流的管控要求高**。ToB 企业不仅要保障充足的现金流支持产品生产、营销、服务等工作的开展，也需要满足在研发领域的长期资金投入，因此对于现金流的管控提出了更高的要求，这也是企业长期良性发展的基础。

以上的特点决定了 ToB 企业在环境、产品、组织等方面必然呈现出的复杂性，而且科技企业在产品研发领域也依靠严谨的流程体系来确保产品的功能、品质等符合企业客户的高标准需求。

新华三集团作为数字化解决方案领导者，致力于成为为客户提供业务创新、数字化转型服务的最可信赖的合作伙伴。作为紫光集团旗下的核心企业，新华三通过深度布局"芯–云–网–边–端"全产业链，不断提升数字化和智能化赋能水平。新华三拥有全方位的数字化基础设施整体能力，提供云计算、大数据、人工智能、工业互联网、信息安全、边缘计算等在内的一站式数字化解决方案，以及端到端的技术服务。

企业在转型中需要努力打造一个属于自己的"数字大脑"。从打破数据孤岛、实现数据互联互通，到深入应用场景、驱动业务智能，数字大脑对企业来说意味着一种能力的集成，不仅有助于企业突破当前的转型困境，也将推动企业不断自我进化，取得新的优势。

新华三集团对数字大脑的定位是在数字化时代让组织高效运行与成长的能力中心（如图1-3所示）。在数字大脑"4+N"的模式中，"4"指新华三智能数字平台，包括数字基础设施、云与智能平台、主动安全及统一运维；"N"代表面向行业的智慧应用能力，由新华三与生态合作伙伴共同提供。在新华三智能战略"AI in ALL"的引领下，"数字大脑计划"以智能促进发展与变化，进一步强化数字大脑的智能水平与业务支撑能力，让新华三自身的产品和解决方案更加智能，从而助力客户的业务和运营更具智能，帮助百行百业打造属于自己的数字大脑，更好地应对智变的时代，实现更高水平的数字化转型。

图1-3　新华三集团"数字大脑计划"

数字大脑所带来的价值显而易见。就新华三自身的数字化转型来说，数字大脑助力新华三实现了从信息化、数据化到智能化的蜕变。新华三以"数字大脑计划"为框架，打造出了强大的数据中台、智能的 AI 中台和灵活的移动中台，实现数字化研发、数字化产品、数字化制造、数字化营销、数字化服务、数字化平台等六大智慧应用。目前，新华三已经完成了 200 余个数字化转型项目，带来了巨大的变革价值，推动重点业务线效率提升 30%～40%，赋能业务量年增长率达 30%，让智能技术成为发展和增长的重要引擎。

新华三在规划核心价值体系时综合考虑了商业价值、效率价值及平台价值，确立了数据决策的智慧化、用户体验的统一化、业务流程的自动化、专业工作的智能化、运营资源的全面云化和平台应用的服务化的技术原则。我们称其为 STARS 价值体系：

- S（Smart）即在商业价值方面关注更智慧。
- T（Timely）& A（Agile）即在效率价值方面追求更及时、更敏捷。
- R（Reliable）& S（Safe）即在平台价值方面追求更可靠、更安全。

围绕 STARS 价值体系，通过开展一系列的举措实现对员工的赋能，从而激发员工的潜力，支持不断创新。

在数字化转型的价值创造与传递层面，分别从产品、服务、营销与生态方面着手，通过数字化技术手段的深入应用，不但实现了产品从研发到生产环节以自动化手段提升研发效率、提高产品质量，还在服务领域通过引入智能化手段显著提升了服务质量及客户体验。新平台的构建进一步优化了与客户的连接，从而能够更加迅捷地把握客户需求与业务机会，发挥生态的潜力将自身的优势价值高效传递给客户。

- **产品**

企业在产品方面的核心诉求是产品创新能力的提升以及高品质产品的保障。因此，IT 部门与研发团队密切配合，应用数字仿真等技术构建了具备数字孪生产品设计能力的数字化设计系统。该系统覆盖了产品的全生命周期，在需求数字化管理、机电一体化设计及全业务仿真验证等阶段持续升级完善了需求管理、结构设计、原理图设计、PCB 设计、结构仿真验证和全电路仿真验证的多个系统与平台，最终打造了具有自主知识产权的机电一体化设计系统，实现多业务的协同设计和自动化设计，缩短产品开发周期，提高产品质量。

面对复杂组织在复杂产品研发中遇到的各种挑战，如何实现研发体系众多部门的协同成为保障高品质研发的重点任务。因此，我们在已经很成熟的 IPD 开发流程的基础上投入了很多的精力来打造协同型 IPD 开发流程。通过研发平台的建设来确保流程标准执行且知识可积累，进而保证各类新产品的开发可以满足市场需求，并可以按期保质推出。以流程数字化作为基础，大量设计在平台不断积累和完善，使得平台成为研发的竞争力之一。研发行为可以数字化呈现，如市场需求可视化跟踪、组织效能可视化呈现，从而确保产品以高品质推入市场。

以鉴定测试为例，硬件测试活动种类众多，各种规则和要求多，而且需人工关注的内容也非常多，在实际工作中有可能会容易遗漏某些细节。这就需要将自动化测试工具和辅助工具相结合，将相关工作中耗时较长的环节都纳入监控，例如除测试执行环节外，也应纳入测试计划生成、测试结果记录等。研发团队通过将机械臂与人工智能的视觉识别技术相结合，专门开发了测试系统工作台，能够自动完成PCB（印制电路板）上所有测试点的信号采集，并对测试结果进行记录与分析。这使得每块单板测试效率提高57%，单台测试系统就可节省2.4人·年的工作量。此外，由于产品实现的细节差异较大，所以单纯通过手工测试已经不能满足需求。例如有些产品的品质要求很高，需要反复测试只在环境应力下才能发现的问题。传统的人工测试一般强度在10次以内，但是利用自动化工具可以将测试强度提升到100次以上，这样就能够发现很多小概率问题，并在设备发布前加以修复。

- **服务**

客户的业务稳定性非常依赖厂商的专业服务能力，需要厂商的服务团队在故障发生初期就能够发现异常、定位问题，从而最大化降低影响。另外，还需要服务支撑专家在最短的时间内确定问题根源，快速实现现场支持，保证问题第一时间解决。因此，服务团队需要通过知识平台来沉淀专家的知识与经验，构建基于大数据及人工智能技术的数字化知识库。

新华三集团服务团队专门打造了iService服务数字中枢，将大数据技术与运维进行了有机结合。它作为业界首个在线智能分析预警平台，能应用大数据分析技术实时追踪设备状态，检测异常参数，变被动响应为主动服务。iService服务数字中枢将产品维护经验数字化，实现设备健康巡检、配置合规、版本评估、智能预警、日志分析、资产盘点和远程协助等功能。

全新开发的金手指平台通过数字化技术工具实现对服务业的售前、开局、上线、维护、巡检等各阶段进行实时业务监控，提前发现风险点并自动预警，避免人为事故发生，保障服务交付质量。作为全生命周期的工具集，它实现了覆盖实施前可行性调研、方案设计及实施阶段控制、交付前检查、运维检控、风险及质量监控的全生命周期技术能力的数字化。金手指平台与 iService 的联动，以智能化手段助力交付质量/效率的提升；发挥了大数据的技术优势，能够精确诊断设备潜在隐患；将原厂维修经验数字化，实现智能预警并提前介入；将被动式响应转换成主动式服务，打破了传统运维的壁垒，提高了客户满意度。在智能诊断方面，iService-CT 网上问题智能诊断系统的使用频率和成功率逐步上升，目前成功率接近 93.17%，而 IT 智能诊断系统 IDDS 已经实现案例判定自动化，每月可自动处理案例 3000 多件，每案例处理时间从 30 分钟缩短到 3 分钟。此外，iService 能够根据公告内容快速定位隐患设备并自动下发维护任务，及时通知一线工程师进行提前干预，每年可减少故障类局点 80 个以上。

- **营销与生态**

代理商是企业连接广大客户群体的纽带，也是获取客户需求的关键，因此对代理商的赋能并支持其协作是保障市场良性运营的核心。新华三集团所构建的方舟平台，作为生态业务全方位数字化平台，成为合作伙伴协同的数字空间。它以连接为基础，让合作伙伴可以更加快捷地使用新华三的资源，同时更方便地与新华三相关人员实现工作协同。产品技术、解决方案以及合作伙伴政策、合作伙伴公告、市场动态、商业机会等将在方舟平台同步更新以及推送，而且基于更便捷的移动办公场景，能够轻松完成产品查询、订单查询、销售每日报管理、绿色通道报备、资质认证、"快易通"下单等重要工作。方舟平台配合丰富的赋能培训体系、星火计划与人才直通车，保障了对代理商的人才培养与输送。

新华三的智能客服涵盖了居家办公、智能质检、智能问答、智能排班、智能诊断、智能外呼和数字运营等功能，助力业务的高效运作。随着知识案例库的动态更新，智能客服的质量不断提升。在2020年客服机器人已经能够有效解决10 000多个问题，而且对通话记录都会自动进行100%检验，累计节省人力4800人·日，在实现降本增效的同时也明显提升了客户的体验。

在数字化转型的价值支撑与保障层面，主要通过构建数字化平台为所有业务提供坚实的基础，并且将数字化能力融合到运营管理的所有流程环节中，实现信息在各个业务条线内的高速流转。因此，我们认为在数字化变革时代，唯有融合了技术创新、场景化应用、生态合作的数字化解决方案，才能更好地激发数字经济的活力，开启充满蓬勃生命力的数字未来。

新华三数字化转型的落地实现是基于新华三的"数字大脑计划"来进行分层实施的。首先我们以计算、网络、存储等基础设施作为IT支撑，在基础设施层之上通过构建数据中台、AI中台、移动中台以及云平台为应用提供底座，然后分领域在上层构建我们的业务应用。针对研发团队的管理创新诉求，我们完成了"两地五中心一平台"的研发上云建设。在一个桌面云平台中集中了394台桌面云服务器、230台存储服务器，支撑10 250台桌面云虚拟机，而且支持8000余台虚拟机的并发。这个项目分为以下4个阶段，最终实现了全面上云。

- 稳扎稳打：在北京率先开展研发上云，完成了桌面云平台的建设，当期已经有4000多台虚拟机上线。
- 快速复制：复制北京的成功经验，成都、杭州、郑州、合肥研发快速上云，上线虚拟机数量超过8000台。
- 扩大范围：西安、上海半导体设计研发专线接入，分别访问北京和成都桌面云平台，扩大云化范围。
- 全面上云：两地五中心一平台建设全面完成，并且实现桌面云平台的统一管控，上线虚拟机数量超过10 000台。

通过研发上云的实践，首先提升了员工的工作体验，在保证优质使用体验的同时也满足了疫情管控背景下的移动办公需求；其次由于数据并不存储在本地终端，结合桌面显性水印、分权分域管理等手段进一步提升了系统的安全性，再者通过集中化平台在批量软件分发、数据备份和恢复、多种桌面池类型等方面的优势，也很大地实现了资源管理的效率提升；最后结合新华三在智能运维方面成熟的解决方案，在集中运维、远程协助等方面保证了高效、及时的运维要求。

数据中台的建设则首先解决数据孤岛问题，通过建立包括业务、人员、智能设备的互联平台，形成全面、多维度的大数据资源。在此基础上，进一步开展了数据湖的建设，通过管理的数字化，灵活、准确地展现数据，并通过数据分析来挖掘潜在的管理规律，形成有价值的洞察。

在运营与管理方面，通过部署的 70 多款 RPA（机器人流程自动化）机器人，仅订单审批机器人的运用就将平均 9 个小时的处理时间缩短为 8 分钟，效率提升了 60～70 倍，而且做到 7×24 小时全年无休；而备件智能预测使 IT 产品停产预留采购开支降低 13%，计算机视觉的应用不仅降低了工厂的现场管理人员和工程师数量，还将生产操作导致的质量问题降低了 40%。

Chapter 2 第 2 章

数字化转型的支点

在企业或组织内，相比于其他的业务部门，IT 部门往往发展历程较短。但是在信息化浪潮涌起后，IT 部门成为发展最为迅速、重要性愈发凸显的部门。当前数字化转型成为企业或组织的必由之路，为了能够充分发挥数字技术的优势，实现数据的价值挖掘，IT 部门成为达成数字化转型目标的关键角色。IT 部门在技术、流程等方面的专业能力及拥抱新理念与新思维的积极性，使之成为至关重要的支点，从而让企业或组织在业务创新、运营管理等方面的投入能够最大效率地撬动更大的商业机遇，承担更大的社会责任。

历经 40 多年波澜壮阔的改革开放，中国经济实现了腾飞，企业也不断壮大，在规模与体量持续扩大的同时，业务体系也日趋复杂。IT 部门最初是默默无闻、充满神秘的技术团队，往往其他人并不能很好地理解他们到底在做什么。历经多年的发展与成长后，当前的

IT 部门已经成为拥有丰富专业技能，掌管大规模系统平台，并且与各个业务条线深度融合的专业化团队。伴随着 IT 团队的壮大，团队成员不仅能够持续掌握更多的专业技术，也在经过一系列的转变后形成了更为全面、丰富的管理能力。

2.1　从 ITIL 看关注点的转变

最初 IT 进入企业或者组织的契机是电算化的兴起，其主旨就是引入计算机设备，把原本低效的手工操作借助计算机实现电子化的操作。大家当时对于计算机了解甚少，于是所有人对 IT 团队成员的印象都是穿着白大褂，坐在铺着防静电地板的机房里操作计算机的神秘人物。与之对应的是那些 IT 专家自己也认为只要能够使用计算机来完成所要求的工作，并且最终能够处理遇到的各种故障问题，就已经达成了所有的工作要求了，因此他们往往只关注对计算机技术知识的掌握。

自从中国首先在工程建设领域引入项目管理的概念后，项目管理作为一项意义重大的方法论，也伴随着各项业务的迅猛发展，指导着 IT 团队成功地达成了系统与网络的构建。当 2002 年中国惠普通过培训的方式把 ITIL⊖引进中国后，IT 管理的意识和理念逐渐走进每一个企业或组织内。它让 IT 从业者认识到 IT 部门支撑业务发展的能力是以服务的方式交付的，因此"用户为中心、流程为导向"的理念开始逐渐深入人心。ITIL 作为一套最佳实践，为 IT 与业务部门之间构建了一座桥梁，从关注客户的需求、关注业务的角度帮助企业或组织大

⊖　ITIL（IT Infrastructure Library）——IT 基础架构库。

大提升了运营效率，很大程度上解决了 CIO 们关注的成本收益、质量、对业务快速响应、客户满意度等问题。

ITIL 让 IT 部门的关注点从单纯对技术的追求，延展到对流程、服务意识的建设，使得 IT 部门在开展各种工作时更加严谨，从而能够充分发挥企业或组织的整体能力。ITIL 的版本升级也展现了 IT 团队关注点的转变。在 ITIL v2 中强调的是一个功能和十大流程，因为那时其他部门对 IT 部门的抱怨基本都是解决问题慢或者总是不知道该找谁来解决问题。但是在 ITIL v3 发布后，关注点从流程也转向了服务对于业务的价值体现。IT 的价值体现在对业务的理解和支持上，这就意味着 IT 部门不仅要懂技术，更需要懂业务，这样才能真正从业务的角度来思考如何提供服务。为此，ITIL v3 引入了服务战略，指出 IT 部门需要思考如何将服务管理转变为战略资产。而服务战略是确保组织能够管理与其服务组合相关联的成本和风险，并且不仅为运营效率，还为卓越的绩效设立相应的组织机构。

在 ITIL v3 的服务生命周期模型中，全面阐述了五个阶段的核心内容（如图 2-1 所示）：

- 服务战略：如何以战略的方式思考和行动；如何把服务管理转变成战略资产；理解服务的成本和价值；澄清服务、系统、流程及其所支持的业务模式、战略或目标之间的关系。
- 服务设计：设计实现战略所需要的一切；服务、管理系统和工具、流程、架构、测量系统和指标；专注于开发和服务管理；人员、流程、工具和合作伙伴。
- 服务转换：从测试到生产环境实施服务设计包；从/向其他组

织转换服务；配置和知识管理；组织变革。

- 服务运营：协调和执行日常活动；以约定的级别交付和管理服务；管理技术和应用；执行和测量所有的计划和设计；承载着业务价值的交付。
- 持续服务改进：流程、服务和技术的测量、报告和改进；效率、效果和成本效益的测量、报告和改进。

图 2-1　ITIL v3 的服务生命周期模型
（来源：https://cio.it168.com/a2009/1105/804/000000804099.shtml）

相比于 ITIL v3 强调服务生命周期的管理并且关注流程和功能，2019 年推出的 ITIL 4 则提出了演进版的服务价值体系（Service Value System，SVS），更加关注端到端地思考如何给业务带来价值。而且 ITIL 4 也整合了敏捷、精益、DevOps 等方法论与实践，更加强调以客户为中心的协作文化，追求以更加灵活的框架来适应业务和组织的发展。

ITIL 作为最早引入中国的 IT 管理最佳实践，也开启了国内 IT 管理的发展历程。伴随着 IT 管理的成熟，IT 部门也从最初的"救火队员"角色，逐渐转变为业务部门的重要支撑。这意味着 IT 部门从最初只关注解决软硬件问题，到以 IT 战略的规划为指引来开发、管理支持业务运作的系统。现在的 IT 部门已经成为企业 / 组织的核心战略决策部门，可以驱动业务发展，实现业务创新。在数字化时代，IT 部门的能力是企业 / 组织数字化战略得以实现的关键。

2.2 理念的转变

伴随着 IT 部门的持续成长、商业模式的不断创新和业务规模不断跨上新的台阶，IT 部门的观念 / 能力都相应地发生转变 / 提升。从 IT 部门发展观念的转变，可以看到背后是 IT 部门的成熟度在持续提升，对于业务的理解愈发深刻，IT 部门的人员能力也在持续成长。

2.2.1 洋为中用

我国的 IT 产业起步较晚，因此服务器、磁盘阵列、网络设备等硬件设备主要使用欧美国家的产品，操作系统等也是只有国外的产品可供选择。对于企业而言，产品设计、商业模式规划等往往都是参照海外的成功案例来进行。这也是由于当时国内企业的基础非常薄弱，而且专业人才也全面缺位。"拿来主义"是信息化建设起步的无奈选择，企业的业务系统当时主要是直接引入国外的商业套件辅以一些定制化。

在 IT 发展的早期并没有成熟的方法论做指引，因此多数企业都走过一些弯路，犯过一些错误。当日本企业在 20 世纪 80 年代的鲁布革水电站建设中通过成熟的项目管理在进度和成本上实现突破之后，彻底激发了人们对于管理方法论的热情，项目管理也成为 IT 部门开展工作的重要方法指导并延续至今。此后企业/组织对 IT 管理在相当长的一段时间里从陌生到熟悉，始终保持着很高的学习热情，不断探索、研究，在各种业务场景下去实践和深化。引入 CMM/CMMI 使得软件开发过程更加规范化，从而在很大程度上降低了软件开发在质量和进度等方面的风险，使其更加科学化、标准化，进而更好地实现商业目标。随着 SOA（面向服务架构）走入人们的视野，原本错综复杂的业务软件体系迎来了彻底重构的希望，人们终于不用再面对着"牵一发而动全身"的紧耦合系统而头疼不已。SOA 作为一种企业通用型架构，指导着企业如何构建一种粗颗粒度、松耦合服务架构，从而保障了业务 IT 系统能够适应业务的改变而更加灵活。伴随着业务规模不断扩展，企业/组织的业务体系也无序扩展着，迷宫般的系统架构成了进一步发展的巨大障碍。而 TOGAF 的引入为企业提供一个基于迭代的过程模型，支持最佳实践和一套可重用的现有架构资产。它助力企业灵活、高效地构建企业 IT 架构，也推动了国内管理软件与技术架构保持与国际同行的同步发展。

TOGAF 是由开放群组（The Open Group）架构论坛开发和维护的架构框架，它是一种用来帮助接受、创建、使用和维护架构的工具，是一个由最佳实践和可重用的架构资产所支持的迭代式过程模型。图 2-2 展示了架构能力的结构和内容，其核心是架构开发方法（ADM）。ADM 描述了如何得到一个特定组织的企业架构，并以此来对应业务需求。TOGAF 在国际上已经被验证，可以灵活、高效地构建企业 IT 架构，并帮助企业节约成本，增加业务模式的灵活性，使之更加个性化、随需应变，从而提高信息系统应用水平。

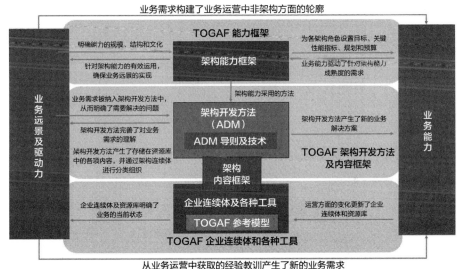

图 2-2　TOGAF 结构和内容概览

（来源：《TOGAF 9.1 版中文口袋书》）

一直持续到约十年前的这个阶段里，中国的市场规模潜力被不断激发，大量的企业都快速地成长、壮大，相应企业的 IT 部门也在同步地不断成长。国外的技术、理念和管理经验在这个阶段提供了很大的助力，同时也培养了大量的专业人才，进而让 IT 部门具备更全面、深入的专业能力。

2.2.2 中西合璧

随着互联网应用不断涌现，中国的互联网渗透率与日俱增，互联网企业在 2010 年前后已经成为时代的弄潮儿。这些大型互联网企业的崛起也对 IT 的发展带来很大的影响。异军突起的电子商务深刻地影响了广大消费者的行为习惯，于是把业务系统接入互联网场景成为很多企业的必然选择。此时企业就会面对很多挑战，例如面对海量互联网用户时如何保证系统能够跟得上用户增长的速度而快速扩展系统的规模，而且还要能够承载特定市场活动所带来的超高并发量。这些特点对于企业以前所使用的商业套件而言，越来越难以负担，而且进行改造的难度也非常大，于是很多企业开始主动借鉴和引入国内互联网企业的实践和技术手段。

以 Hadoop 和 OpenStack 为代表的开源软件项目首先被互联网企业广泛应用并不断完善，从而在 IT 行业内形成了拥抱开源技术的热潮。这类分布式集群技术的成功也刷新了 IT 从业人员的一些固有理念。例如，在传统的理念里，系统的可靠性严重依赖硬件的可靠性，所以企业就会投入很多的资金采购昂贵的大型机或小型机来承载业务软件，而且在运维保障方面也会相应投入巨大的人力和物力。但是以 Hadoop 软件为例，开源软件广泛采取在大量廉价的 x86 服务器和硬盘上分布式地存储多个数据副本也能够很好地保证数据的可靠性。业务系统的可靠性完全可以依赖分布式的软件系统与低成本硬件架构来承载，于是越来越多的企业开始把关键业务向以 x86 服务器为基础的开放平台迁移。

由于开源软件社区的开放性，大量中国的企业和专家也成为开源社区里非常重要的贡献者。国内大型的互联网企业开始纷纷将在生产环境中不断沉淀和完善的软件系统进行开源，不仅为企业提供了除商业软件之外的更多选择，也激发了业界对于开源社区的参与热情。这也进一步推动了国内在操作系统、数据库、中间件等各个开源领域内的开发与应用，以至于很多中国企业也在 RISC-V 这种开源指令集架构中扮演起非常重要的角色。

以前软件开发团队热衷于在大型数据库中开发很多存储过程（Stored Procedure）以减轻业务软件的开发工作，但是带来的负面影响就是数据库的升级维护愈发困难。现在很多软件开发团队已经不再大量依靠存储过程，从而形成数据库轻量化的趋势。随着国内众多数据库软件的推出，企业可以根据业务场景的需要灵活选择合适的解决方案。我们通过访谈了解到大型商业银行已经能够在一周的时间完成底层数据库的转换，这意味着企业已经可以依靠国内的技术平台实现多种选择，从而摆脱了单一技术产品的约束。

在 IT 管理方面，企业在继续跟进学习国外的方法论与最佳实践外，也开始结合自身的业务场景、法律法规要求，对方法论进行合理的裁剪与优化。国内某商业银行就结合自身的需求，将 Prince2（受控环境下项目管理）、Kanban（看板）、Scrum（敏捷软件开发）、MBO（目标管理）以及 ITSM（IT 服务管理）等多个方法论与最佳实践进行裁剪与组合，从而形成了实际工作需要、外部标准与框架、常规工作方式相结合的数据中心敏捷运维框架。该框架中 Scrum（早站立会、冲刺会、敏捷教练、PO 职责等）占 30%，MBO 和 Kanban（目标分层、电子看板、泳道式拉动、WIP、完成标准等）占 40%，其余 30% 为 Prince2、PMBOK 和 ITSM（商业论证、质量管理、风险管理、进度管理、技术评审等）。

2.2.3 东风劲起

在中国数字经济取得举世瞩目的成绩的同时，中国在很多领域已经成为业界的翘楚，例如移动支付、5G通信等。由于在越来越多的领域中国已经走到前列，企业或组织已经从借鉴、复制国外的案例和模式，逐步开始自主去探索新的模式并总结沉淀相应的经验与方法。

随着国际环境的变化和国内产业升级需求的增长，全球数字化产业生态格局已经发生改变。由于信息产业核心技术都是由美国等少数国家掌控，在中美贸易摩擦以来发生的多起针对我国的封锁和断供对我国经济发展提出了严峻的考验。面对美国企图遏制我国科技产业发展的严峻形势，推进相关领域的研发与攻关从而建立自主可控的IT产业生态成为我们的坚定选择。

在国家宏观政策的指引下，业界各个企业或组织都积极投身基础硬件、基础软件、应用软件和信息安全等领域的研发。经过几年的发展，目前中国的芯片、网络、操作系统及周边配套产品基本实现了从无到有、从可用到好用的跨越式进步。随着整个行业加强关键核心技术攻关，我国在自主可控领域的生态环境已经形成，国产品牌稳步发展，为经济数字化转型、提升产业链发展提供了有力的支撑。以CPU芯片领域为例，目前龙芯、兆芯、飞腾、海光、申威和鲲鹏等多个国产CPU都已经投入商业应用。

中国企业与组织在开展主动研发方面的各种努力，成为新基建的重要组成和发展依托，对国民经济发展的基础支撑、创新驱动和融合牵引作用日益凸显。国产软硬件全面规模化应用进程将逐步加快，为数字化转型提供了开放适配、灵活替代、安全稳定及成熟可靠的基础。作为数字化转型的驱动引擎，自主创新为信息技术国产化、保障国家信息安全提供了至关重要的作用。

2.3 构建数字化转型的支点

数字化转型是以数字化技术为基础，以数据为核心驱动力，通过价值体系重构、新型能力构建等方式激发数据要素的创新驱动潜能，实现业务优化升级和创新发展的系统性变革。

IT 部门由被动响应需求转变为主动需求挖掘，再基于对数字化技术的理解，能够更好地为业务部门出谋划策，为业务的发展插上技术的翅膀。所以越来越多的企业在 IT 部门设置 ITBP（IT Business Partner，IT 业务伙伴）职位。ITBP 作为 IT 部门的人员，他们将深入业务一线开展工作。首先 ITBP 将深化 IT 对业务的理解，进而能够主动发现如何借助数字化技术的优势来实现业务提升和创新。其次 ITBP 也能够在 IT 部门的统一管理下，对所有的业务需求进行汇总分析，为中台建设提供重要的输入，从而降低重复开发，提升组件复用。

在企业的数字化转型中，IT 部门担负着至关重要的责任，需要积极参与到企业的数字化战略规划中，并以自身的专业能力完成以下几项关键任务：构建数字平台、运维体系智能化、数据资产管理、深化安全保障、支撑业务流程再造、助力人才数字素养的提升。

2.3.1 构建数字平台

数字化转型的重要举措之一就是构建数字平台，实现对客户、员工、供应商及生态合作伙伴等的连接，为业务的发展提供坚实的基础。在 UVCA 时代，对于企业架构的诉求是既要保障业务的稳定运行，也要能够快速适应需求的变化。所以在规划数字平台时要积极引入业界成功的架构模式，达成解耦、服务化等目标。业界主流的架构模式包括以下几种：

- **SOA**。SOA（Service Oriented Architecture，面向服务架构）将能够帮助软件工程师站在一个新的高度去理解企业级架构中的各种组件的开发、部署形式，帮助企业系统架构者更迅速、更可靠、更具重用性地构建整个业务系统的架构。较之以往，采用 SOA 架构的系统能够更加从容地面对业务的急剧变化。

如图 2-3 所示，在 SOA 架构中将对应用程序的不同功能单元（称为服务）进行拆分，并把它们通过这些服务之间定义良好的接口和协议联系起来。该架构中业务规则引擎为企业灵活的业务流程提供了支持，并且通过消息总线——ESB（Enterprise Service Bus，企业服务总线）实现组件之间基于消息的通信，从而实现系统解耦。因此 SOA 是一种粗粒度、松耦合的服务架构，与之相伴的一系列标准为企业现有的资产或投资带来了更好的重用。

- **微服务架构**。如图 2-4 所示，微服务架构强调的是业务需要的彻底组件化及服务化，系统的组件都作为独立的服务运行，从而使得某个组件的升级或更换对其他组件的影响大大降低，保证了系统总体的灵活性。

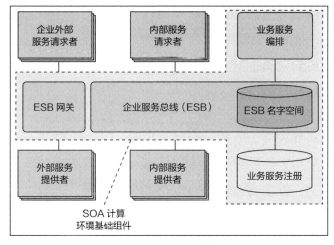

图 2-3　SOA 架构

（来源：http://soft.doit.com.cn/article/2008/1014/3692540_2.shtml）

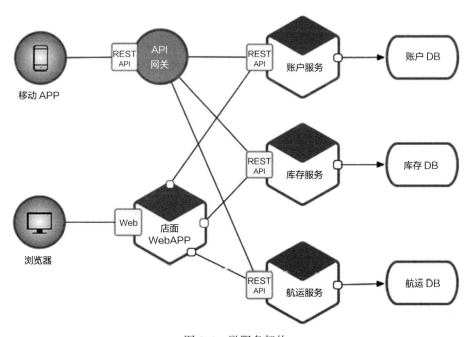

图 2-4　微服务架构

（来源：https://microservices.io/patterns/microservices.html）

微服务架构的优点在于通过将臃肿的单体应用分解为一组服务，降低了问题的复杂性，而且服务在开发、构建方面的效率也得到明显提升。单个服务也摆脱了技术栈的限制，可以独立扩展与升级。

- EDA。如图 2-5 所示，EDA（Event Driven Architecture，事件驱动架构）是一种侧重于以生成/消费为基础的异步通信的架构模式，能够有效地应对复杂的异构环境，而且非常适合有更高自动化要求的系统。例如金融等行业可能会出现业务量和业务类型迅速增长的场景，由于 EDA 使得 IT 系统具备很好的可扩展性，所以在交易系统中是很好的选择。

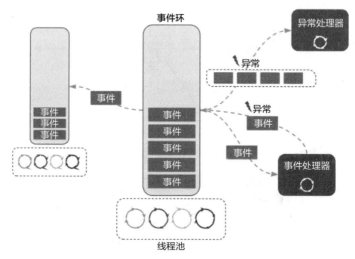

图 2-5 事件驱动架构

（来源：https://blog.csdn.net/universsky2015/article/details/106253337）

对于数字化平台的构建，我们以制造业为例。因为实体经济是我国经济发展并在国际经济竞争中赢得主动的根基，而制造业作为实体经济的主体将是开展数字化转型的重点行业。

工业数字化平台定位于以企业需求为核心，以最适合企业的工业互联网平台为目标来打造，具有工业全信息集成和互联、微服务容器化、对象化工厂建模、工业APP开发设计器、工厂可视化展示、多元分布式数据湖、工业数据资产管理平台、工业APP开发环境、工业大数据和人工智能平台、工业社交与移动协同、应用商店和APP云运维服务等功能，将帮助企业在工业数据融合集成、综合治理和加工、工业数据价值挖潜、生产流程优化与业务协同等方面进行持续改进和提升。

工业数字化平台以工厂数据/信息全集成为基础，构建多元对象化工业数据湖，企业用户可通过平台内置的APP开发平台，实现生产控制、生产管理、企业经营等多维和多元数据的融合应用；工业数字化平台以集成化、数字化、智能化手段解决生产控制、生产管理和企业经营的综合问题，打造服务于企业、赋能于工业的智慧大脑。

1. 系统架构

如图2-6所示，工业数字化平台从功能应用上分为三层：第一层是物联套件，主要负责边缘端数据采集和控制，包括智能边缘网关、智能物联设备、IIoT（工业物联网）边缘智能服务器以及人工智能控制器等；第二层是工业操作系统平台，主要负责物联套件设备接入、对象化模型组织、数据存储处理、可视化数据分析、工业APP开发、大数据分析和人工智能算法应用等；第三层是工业智能APP生态，通过工业数字化平台可以构建面向特定场景的工业智能APP，逐步积累形成面向不同行业的智能制造解决方案。

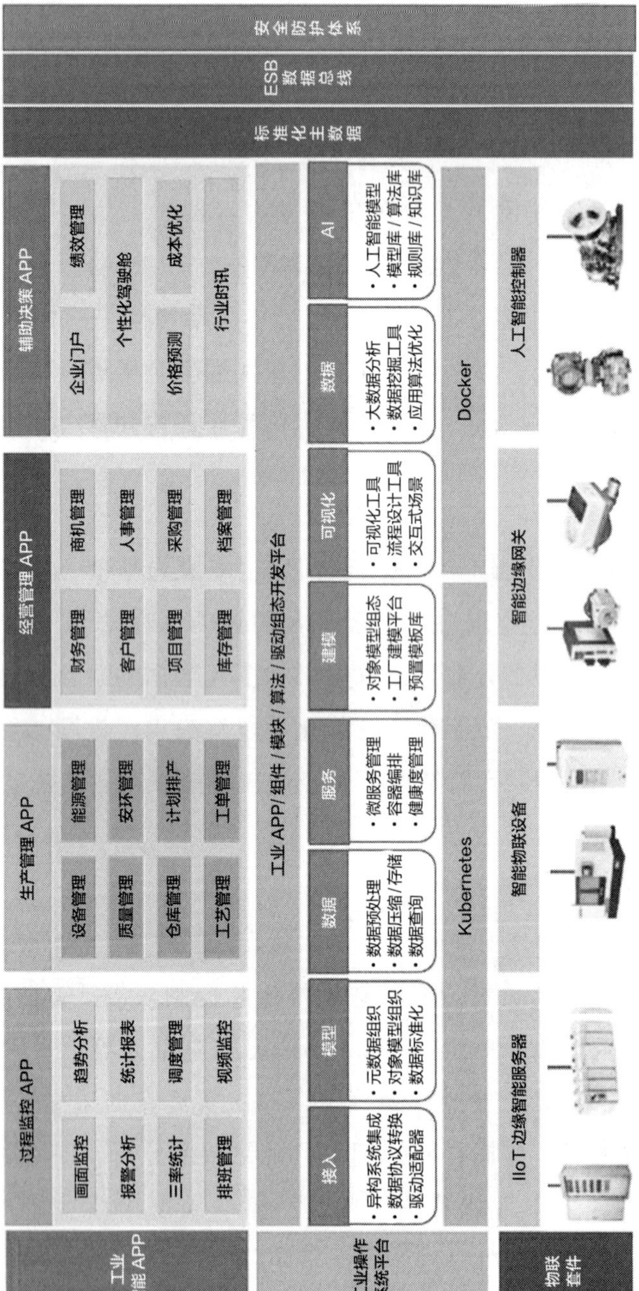

图 2-6 工业数字化平台示例

工业数字化平台是以企业为中心构建面向过程监控、生产管理和经营决策的一体化应用平台，通过"平台+工业智能APP"的新业务架构模式，实现企业客户的信息化、数字化、智能化升级转型。提供的横向和纵向弹性扩展能力，可满足智能制造细分行业中各种企业从单一优势业务发展为多元化集团型应用的场景。

2. 功能简述

1）支持工业多协议转换和多元数据标准化的功能，支持控制系统、智能仪表系统、化验分析系统、设备管理和监测系统、视频系统、各种信息化系统等数据接入与融合。

2）内置对象化多元工业数据湖，支持图片、数字、布尔、字符串、文本、文件、视频、音频、位置、自定义结构、对象、结构数据、块数据等类型的数据处理与存储。提供数据存储压缩服务，根据实际数据的质量要求，可灵活配置存储精度，满足至少数年以上的工业现场复杂数据存储要求；支持离线运行数据备份。支持工业实时数据秒级更新，工艺报警处理能力达到数千个/秒，工艺报警可与视频摄像头联动至预置位，整体效率要高。

3）支持设备、人员、原料和产品等单元的对象化数据结构表示，支持以单个设备主体为视角的全信息画像和关联业务查询，支持上层设备管理、物料平衡、计划优化等工业智能APP软件的高效访问。

4）提供统一的面向工厂设备、人员、物料、产品等维度的对象化模型定义能力，实现标准化元数据清洗与组织。如设备可以统一提供基础的台账信息、实时运行信息、故障报警信息、维护保养信息、部件维修更换信息等，可有效降低工厂不同岗位人员的数据认知门槛。

5）支持可插拔动态扩展的微服务和容器化架构，满足工厂不同时期对大数据平台存储、计算和消费的扩容要求。

6）提供工业智能 APP 组态式开发所必需的基础服务、算法模块、可视化组件、流程单元和工程模板，赋能工厂用户，满足企业用户自主开发工业智能 APP 的要求。

7）在可视化工具方面，平台提供了一整套数据展示的控件库，包括基础图元控件、图表控件、报表控件、趋势控件、实时报警控件、历史报警控件和视频控件。基础图元控件包括矩形、圆角矩形、椭圆、弦、扇形、多边形、按钮、棒状图、管道、直线、弧、折线、文本、数据链接和图片等；图表控件包括柱状图、曲线图、散点图、折线图、饼图、气泡图、面积图、玫瑰图、仪表盘和热力图等。

8）提供工业大数据分析的基础平台、模型训练和运行环境，满足设备运行分析、人员安全作业等智能应用。提供大数据算法的建模、实验、评估和发布的流程可视化开发环境，通过拖拽式组态定义，实现业务场景建模以及用户自定义场景创建。

9）提供机器视觉、语音识别、智能问答、自然语言处理等服务能力，实现人工智能技术在工业领域的深度应用。根据特定场景进行建模分析，实现算法模型开发，且训练完成的算法模型可以在平台中运行。基于机器视觉分析服务，可通过接入的工业视频进行图像分析，且分析检测结果可与平台的工业实时数据等进行联动，根据不同场景产生相应的工艺质量报警、人员安全预警、设备故障预警等。

10）提供云、企、端全方位的信息安全防护方案，实现数据安全、信息安全和物理安全等。提供基于工业信息安全的一体化防护方案，包括系统本质安全、设备过程安全、安全操作管理、内建安全与纵深防御等，从而确保系统的正常运转，保证网络、应用系统与数据的安全；关键设备采用双机或多机冗余设计，建立数据备份机制，采用防火墙、入侵检测、漏洞扫描、容错容灾等技术防护手段。

3. 移动应用平台

移动应用平台运行于智能设备上，如图2-7所示。它作为工业数字化平台在移动端的延伸和扩展，提供丰富的功能移动化应用，让所有关键应用在一台手机上展现，打破时间与空间的束缚，让用户可以充分利用会议、出差、在家等自由时间处理工作事宜，帮助用户实时掌握生产状态，随时随地高效处理事务。

图2-7　移动应用平台示例

移动应用平台主要支持如下功能：

1）综合监控：通过移动管理平台，将平台组态实现的工业智能 APP 配置到移动端查看。主要应用场景为流程图展示，用户可以在移动端便捷地查看流程中各部分元件的结构以及工艺的运行过程。同时，通过监控设备各个指标如温度、压力、湿度等，监控工厂设备状态的运行情况。

2）趋势图：实现数据在移动端浏览和分析，支持实时趋势和历史趋势两种模式。支持用户自定义添加位号指标，重组不同实例对象下的属性，支持多指标同时对比分析，支持多个 Y 轴数据显示功能。

3）过程报警：实现平台工艺过程报警在移动端的浏览和分析，支持实时报警监控和历史报警查询，支持报警产生、报警确认、报警消除等环节的信息查看，包括报警名称、报警描述、优先级、产生时间、确认时间、消除时间、确认人员等信息。

4）视频监控：移动端查看平台接入的视频数据，可实时展示视频数据，从而监控生产状况。视频监控画面加载时间快，支持横竖屏切换。

5）待办事项：将平台工作流待办业务数据同步至移动端，实现 PC 端处理移动化。用户掌上处理待办、填写审批意见等，可突破时间和空间的束缚，从而有效提升工作效率。

6）办公辅助：共享组织信息，可在移动端直接搜索同事，查看姓名、编号、手机号与部门等信息，还可以办公以及向对方发起文字、图片聊天，实现快速找人、高效沟通。

4. 构建生态平台

通过工作互联网数字化平台，与不同业务的平台、应用服务主体建立生态合作，共同打造面向工业企业整体的智能制造解决方案。工业数字化平台是抢占智能制造战略制高点，通过平台上丰富的工业APP、大数据应用、工业AI、大规模节能降耗等设想将成为可能。

2.3.2 运维体系智能化

随着信息技术的快速发展，特别是"互联网＋"时代的到来，中国目前已步入信息化社会。数据中心作为数字化经济的IT关键基础设施，承载了大数据、云计算等核心要素，未来的数据中心将成为信息化社会的大脑及数据处理中心，因此需要采用科学先进的理念和方法来提升数据中心的整体运营服务能力。

1. 规划运营服务能力体系框架

图2-8中的运营服务能力体系框架借鉴COBIT、CMMI、ITIL、ITSS等众多国内外标准理论，从数据中心利益相关方的诉求分析入手，将相关方诉求转化为数据中心目标，并围绕数据中心目标对所需服务支撑能力进行归类、聚合、分域和分解后，得到数据中心完整的服务能力模型。该模型包括3个能力域，分别是战略发展、运营保障和组织治理，共11个能力子域和33个能力项，每个能力项都由人员、技术、过程、资源、政策、领导和文化7个能力要素来构建。

综合数据中心的发展趋势、行业相关监管要求、公司业务发展等需求，数据中心面临众多挑战。数据中心不仅要履行管理职能，还需进一步发挥服务职能，在保障数据中心安全、稳定运行的基础上，向"IT资源服务中心""数据服务中心""增值服务中心"转变，推动和引领业务发展。不同的数据中心，其利益相关方诉求必定存在一定的差异，从而在目标方面也是各有侧重。经营型数据中心往往更注重收益实现，支撑型数据中心则强调控制风险，从运维向运营转变的数据中心资源优化则是其关注的重点。

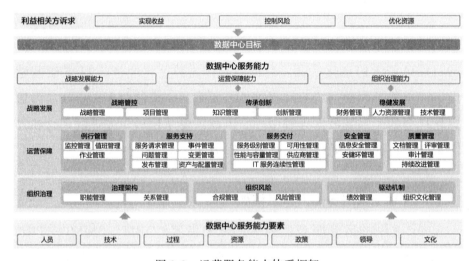

图 2-8　运营服务能力体系框架

在控制风险方面，运营保障域的服务规范性是重点关注的能力域。

- 通过体系化运作保障数据中心安全、稳定运行，保障服务的可用性、连续性及安全性，加强数据中心的运营体系建设和执行的规范性管理。
- 服务交付能力保障目标可达成，围绕可用性、连续性、安全性管理要求，细化目标保障设计，开展目标达成分析，制定相应保障计划与措施，并持续实施。
- 例行管理能力支撑数据中心基础工作的平稳、有序开展，建立数据中心 7×24 小时人员保障和值班机制，规范值班人员岗责、工作纪律和行为要求；借助监控平台实现维护对象运行信息的实时监控，及时发现运行异常事件；制定维护作业计划，形成作业操作指引，规范维护作业按时、按质、按量、按效执行。

- 服务支持能力支撑服务响应工作的及时、有序开展，通过构建服务三线职能架构（一线的服务台、监控，二线的运维人员，三线的专业厂商）驱动服务流程有效运行，实现人员协作，提升效率。
- 安全管理能力支撑安全管理管控要求融入日常运营的各个环节中，并作为基础支柱贯穿运营服务的全生命周期。作为风险管理高要求的行业数据中心，有效识别各类合规和监管要求进行风险管理，提升组织风险管理能力，建立风险识别、风险评价、风险管控、风险验证等有效管控措施，落实风险管理机制，达成数据中心风险的控制目标。完善评审、检查、审查机制，构建持续改进能力。通过质量管理能力建立事前评审、事后审计机制，引入 PDCA 持续改进策略，通过持续跟踪机制来驱动各项改进工作的完成，实现风险有效管控，进一步促进数据中心的服务质量不断提升。在实现收益方面，战略发展能力域往往显得更为重要。打造战略管控能力，有效落实业务战略规划。打造传承与创新能力：通过知识的积累及应用，实现各类知识的传承；通过创新意识的引入，运用新技术、新工作方法创造价值成果或持续完善，进一步提升数据中心价值。

在优化资源方面，数据中心的稳健发展离不开数据中心战略资源的有效支撑，通过人力、财务、技术等资源的有效管理，构建资源管控能力，为数据中心的稳定运营、持续发展和不断创新提供资源保障。完善组织治理架构和建立驱动机制，从组织层面（职能、内外部关系）落实保障，从公司文化到数据中心文化，创造适合于数据中心发展的文化环境，结合绩效管理来共同驱动数据中心目标的达成。

企业需要利用大数据、机器学习等技术手段处理运维相关的数据，通过实时、动态、增强等高级分析，使之具备诊断、预测能力，直接或间接提升系统的稳定性、可用性、体验感，实现更高质量、更低成本、更高效的支撑，改善和增强 IT 运营能力，以提高企业的竞争力。之所以企业要关注智能化运维，原因在于：一是 IT 架构复杂化，二是数据成倍增长，三是 SLA 要求越来越高，四是企业数字化转型成为必然选择。但是传统 IT 运维难以应对新的挑战，原因在于历史及组织分工，传统 IT 系统的建设多采取竖井式，IT 数据也是碎片化和竖井式的，导致无法全面掌握 IT 资源的使用情况，无法发挥监控数据的真实价值，无法提供决策的深度洞察。

- IT 监控系统只能监控单个 IT 应用当前及最近的运行状况，只能识别单个组件问题，无法在较长时段内跨本地和云端多个应用层，无法系统性地检测 IT 性能异常和故障，无法提高 IT 系统和应用的可用性。
- 现有的工具和流程是被动的，相互关联和分析的过程极其耗时，无法快速确定服务中断的原因，几乎或根本没有能力预先解决可能的问题，更不用谈前瞻性的洞察。

企业的 IT 运维支持正在变得越来越"力不从心"，本质原因是传统运维所大量依赖的人力决策已经无法应对当前运维所面临的挑战。

企业需要一种新型的技术，通过强大的关联分析和可视化功能使IT运营流程现代化。智能运维具有前瞻性、可预测性，并能够进行数据驱动的决策，从而有助于建立新的、敏捷的业务模型，并支持创新计划，从而保持企业的领先地位。大数据技术的应用，能够初步解决IT与业务之间的断层问题，实现面向业务运维的转型。

2. 构建运维数据智能分析平台中枢

要实现智能化运维，需要具备面向数字化技术的统一运维平台架构。建立运维数据中台，实现性能监控类时序数据、日志非结构化数据、关联关系图类型数据、调用链/跟踪数据、流量数据、事件数据等多元运维数据的整合；通过运维数据治理，实现全域数据融合；将各行业、各技术域的专家经验，进行规则化积累，打造专家系统，通过关联关系、系统画像、知识工程等，构建运维知识图谱，结合机器学习建立各种模型，构建智能运维大脑；以应用视角和业务价值为导向输出智能服务能力，提供异常检测、根因定位分析、关联影响、趋势预测等各专项智能诊断服务。这些AI能力还可以通过便捷的服务编排，赋能容量管理、业务连续性管理、服务台、安全等"监、管、控、防、营"全场景业务，有效提升业务可用性。

3. AI赋能故障处理

AI技术起起伏伏，发展到今天已经可以帮我们解决不少问题。然而，它目前擅长的还集中在解决单领域的问题，而且还要满足以下条件：有充足的数据和知识，信息是确定且完整的，问题定义是清楚的，并且输入输出是明确的。但运维问题非常庞杂，其整体问题已经复杂到AI不擅长解决的程度，基本不可能一步到位解决运维所有的挑战。所以我们采用庖丁解牛的思路，对故障实行事前、事中、事后分段治理。事前做好故障预防，事后做好故障复盘，增大故障发生的平均间隔时间，缩短事中故障的平均修复时间。其中，事中又可细分为故障的发现、定位、分析和处理四个阶段，针对每个阶段研发具体的场景算法。如故障的发现就涉及单KPI、多KPI以及日志的异常检测；要缩短故障的定位时间，就涉及告警的智能收敛、根因的辅助定位、多维根因定位等场景算法；对于具体领域的故障分析，如数据库、网络故障等，则需要结合专项技术的领域知识，通过算法的组合编排，逐个击破。

4. 智能运维场景化实践

场景1：复杂基础架构系统下的异常检测和异常预测

运维监控通过各种技术工具，如网管、Zabbix、APM、网络抓包等采集各种监控指标，这些指标通常被存储为时序数据（包含采集时间和指标值）。KPI异常检测对监控指标的时序曲线进行检测，自动发现其反常行为，以便及早发现风险，防止其发展为故障，或及时发现故障并进行止损、诊断和修复，如图2-9所示。

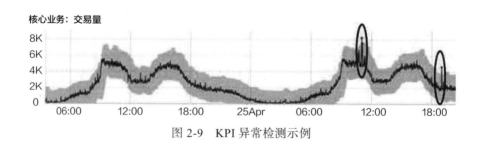

图2-9　KPI异常检测示例

常见的单KPI异常检测场景有：

- 业务指标（黄金指标）：交易量、交易响应时间、交易失败数，图 2-9 中圆圈位置就出现了明显的交易量异常。
- 服务器指标：CPU、内存、网络、磁盘等指标。
- 中间件指标：数据库负载、Web 服务器响应时间。

运维挑战

- KPI 指标多：系统由大量的组件构成，这些组件都有自己的指标，如业务指标、服务器指标、中间件指标等。
- 阈值设置难：以往基于阈值的设置，通常在低限度预警情况下，无法判断是否有故障，而一旦到达高限度阈值告警，往往故障已经发生。
- 误告漏告多：依赖人力针对数万监控指标配置大量规则，而规则不准确，导致大量误报警，又需要人力过滤，才能筛选出真正要处理的少量有效报警。

解决方案

基于学习组件行为模型的异常主动预测：系统运行在一系列组件正常的状态下，当某些组件状态偏离其正常状态时，就会产生系统异常。因此，通过大量的历史数据，可以形成每个组件自身的模型，从而判断各种实时监控数据是否即将有异常状态产生，以此实现故障的主动预测。

场景 2：智能报警事件去噪和收敛

每一个运维工程师都可能被报警风暴所困扰过。我之前负责某运营商系统的运维工作，平均 13 分钟就会接收一次短信告警，在夜间则是平均 37 分钟一次，而实际数据统计发现，有效短信告警占比不到 14%。因此短信告警的冗余度是非常高的，已经造成了告警疲劳。告警太多的主要原因如下：

- 大量监控对象：业务越来越复杂，层次越来越多；X86 化、微服务化、容器化，监控的软硬件对象的数量大幅增加，监控粒度越来越细致，每一个监控点都会产生数据指标、状态异常。立体化的监控，带来监控指标的爆炸式增长，也导致越来越多的告警。

- 重复告警多：人工配置的监控告警规则，无法适应系统的动态变化，规则不全面、不准确，这些都可能会导致误报警；另外告警策略执行周期性计算，会持续产生重复告警，部分策略甚至会导致持续告警。

- 缺乏关联聚合：传统告警工具只能针对被监控组件本身进行监控和异常告警，无法从相关性和全局性来进行告警的统一处理。如一个网络设备的故障就可能引起"告警风暴"，产生大量的告警，而真正需要处理的告警只有一个。

解决方案

针对上面这些问题，对现有告警降噪聚合，进行分类梳理、逐个收敛；如图 2-10 所示，针对告警疲劳问题，需要通过算法聚合引擎对预警流进行分析与处理，从而减少告警数量，使告警通道发出的告警皆为有效告警，告警的信息得以被及时接收并处理；使用智能报警合并策略、基于报警数据挖掘的机房故障分析、报警关注度分析、值班与逐级通告平台和报警回调技术等。

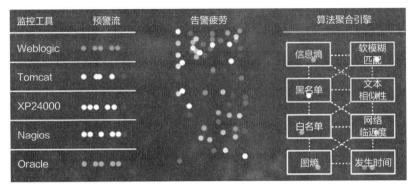

图 2-10 智能告警收敛原理示意图

- 告警数据归集：采用统一的事件处理平台，整合不同基础架构监视工具捕获的告警及事件，并将其标准化和利用 CMDB 等信息增强处理，可以从整个业务和 IT 中心的视角来进行事件的处理。
- 历史告警挖掘：基于历史告警数据挖掘，采用机器学习算法实现告警、异常的关联规则挖掘，形成关联知识子库，达到设定的置信度后可形成告警规则表，用于衍生告警的屏蔽、实时告警的合并，避免告警风暴，提高故障解决时效性。
- 告警去重降噪：自动剔除假告警和无用告警事件。对大量告警数据进行去重、降噪，产生数量压缩、重要性分级的告警信息，形成聚合事件，这样一来相对于原始情况来说告警数量会大大减少。
- 算法聚合收敛：基于信息熵、图熵、发生时间、文本相似度、网络临近度等相关性聚类以及黑白名单处理，推荐根源告警。

场景 3：多维根因定位

KPI 指标（如网页访问量、交易量、失败量、响应时间等）与多维属性（如源系统、交易类型、交易渠道等），是金融、互联网等行业常见但重要的业务监测指标。当某个总指标（如总交易量）发生异常时，需要快速定位到是哪个交叉维度的细粒度指标的异常导致的，以便尽快做修复止损操作。定位出其根因所在的位置是极具挑战性的，尤其当根因是多个维度属性值的组合时。

问题挑战

在实际场景中，问题的挑战在于其复杂度和时效性，表现在以下三个方面：

- 及时根因定位：业务出现问题，需要在1分钟以内准确定位到根因，若没能及时定位、修复，问题的影响和业务的损失很可能会不断扩大。
- 准确衡量根因：不同组合的KPI是相互依赖和影响的，真正根因元素的KPI异常，可导致其他元素的KPI也发生变化，很难对影响KPI指标的根因做一个量化的判断。
- 搜索空间大：由于KPI拥有多维度的属性，随着维度的增加或粒度的细化，元素的数目往往呈现指数级增长的趋势，可能需要从成千上万的多维属性空间进行搜索。

传统的根因定位方法依靠人工和BI工具，它有以下不足：

- 定位不准确：依赖专业的BI工具和训练有素的数据分析人员，不断切片分析，不断细化定位问题，但定位到的可能不是问题的真正根因。

- 定位时间慢：人工定位往往滞后，需要数小时甚至更长时间，在复杂的多维度场景中，靠人工定位几乎无法实现。

解决方案

多维根因定位核心采用蒙特卡罗树搜索和分层剪枝等算法。蒙特卡罗树搜索中使用了综合根因可能性评价指标，如图2-11所示，在异常发生时将使用这种评价指标对候选根因进行优选，获得最佳根因。基于该算法的根因定位具有以下优点：

- 完全自动：自动分析总KPI指标，在总KPI异常时，自动启动多维异常定位算法。
- 根因准确：基于蒙特卡罗树搜索的机器学习算法，能分析百万级以上多维数据，这是人工所无法实现的。
- 秒级定位：定位快速，能秒级定位到根因或根因组合，减少故障导致的业务损失。

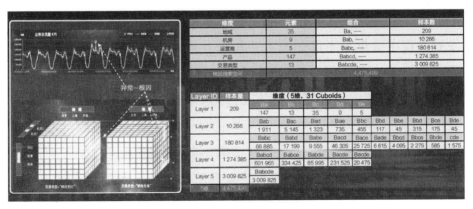

图 2-11　多维根因问题定位图示

AIOps 的大潮已经来到，多个行业领域都表现出对智能运维的强烈需求。IT 运维具备丰富的应用场景和大量的数据，将运维经验、大数据、人工智能相结合，可以极大地提高整个运维领域的生产力。面对不确定，拥抱变化，不断探索新兴技术的创新应用，智能运维可以帮助企业应对 IT 复杂性和风险，确保业务永续及价值创造。

2.3.3　数据资产管理

在数字化转型中，数据是商业决策、产品创新、客户体验提升及业务流程优化等工作的核心。当前所有的人都认可了数据对于企业或组织而言是核心资产，所以如何获取、加工、分析和挖掘数据的价值就成为关键的任务。企业或组织的业务部门往往会有相关的数据分析人员，他们将结合业务的特点与诉求开展数据分析与挖掘工作。但是由于 IT 部门在技术、资源等方面的天然优势，IT 部门成为企业开展数据管理、打造数据供应链的重要部门，负责为企业开展所有数据相关的工作打造坚实的基础。

数据分为结构化数据、半结构化数据和非结构化数据，业界在发展过程中提供了不同的技术手段来处理不同的数据。在大数据兴起之前，业务系统中主要处理的是结构化数据，于是以 Oracle 为代表的关系型数据库成为主流的技术平台，并结合 BI（Business Intelligence，商业智能）解决方案来改善业务决策。在互联网业务的高速发展之下，网页、日志等半结构化数据的处理与分析成为迫切的需求，于是以 Hadoop 为代表的大数据分析技术成为业界的热点，在精确营销、征信授信等业务场景下展现了强大的实力。伴随着 AI（Artificial Intelligence，人工智能）技术的日趋成熟，已经可以借助强大的算力对视频、图片、语音等非结构化数据开展丰富多样的处理和分析，从而能够更加充分且深入地挖掘数据的价值。

在企业的发展过程中，由于以前没有统一的数据管理策略和原则，导致大量的数据孤岛形成。其原因在于业务系统在开发阶段往往局限于单一业务的诉求，缺乏对数据共享、联动的考虑。因此IT部门在不断引入新的技术手段来提升数据处理、分析的能力之外，还需要开展数据质量、数据治理、主数据管理以及数据科学和业务分析等一系列工作，从而利用数据支撑业务发展的核心目标。

一提到数据，人们往往都会把注意力集中到分析上，认为只要有好的数据模型和分析手段，就能够发现数据中的价值。但是这里其实有一个非常重要的前提，即所分析的数据本身已经具备较高的质量，否则分析的过程将非常痛苦，而且结果也往往不尽如人意。造成这种问题的原因用一句俚语概括就是"garbage in, garbage out"（无用输入，无用输出）。对于数据质量的管控，首先需要做的是将数据质量作为数据管理的关键管理目标来对待，只有得到管理层的高度重视，才能够将数据质量的规范与度量推进下去。由于系统庞杂而且没有统一的规则指导，所以很多企业的数据存在大量冗杂、不一致等质量问题。针对质量问题，需要培养具备相关技能的人员持续对数据进行清理。借助专家经验和算法的加持，所有数据在分析之前需要经过充分的验证才能保证分析结果具有实际的价值。要提升数据质量，需要让所有人都认识到数据质量与每一个人的工作有关，除了要求所有人严格执行相关规则外，还要对表现出众者予以激励，从而有助于让所有人在意识层面提升认知和积极性。

为了打造数据驱动型的组织，IT部门需要制定数据原则以指导所有数据相关工作的开展。数据管理团队对于数据原则的制定，有助于为所有人指明工作的方向并提供一些决策的依据。数据原则可以包括：

- 以业务机遇为导向：传统系统中数据以记录业务操作和信息传递为主导，但是为了充分发挥数据的潜力和价值，就需要以业务机遇为指引来制定数据标准、定义数据模型并开展全面的数据分析。
- 数据需要跨部门共享：数据孤岛导致企业内数据交互、共享形成巨大的局限，因此需要在明确数据所有者的基础上，通过清晰的数据访问授权、严格的数据使用规则，实现数据在不同部门之间的共享。数据只有实现了跨部门的共享后，才能在企业整体的层面实现数据价值的最大化挖掘。
- 数据要有单一可信的源头：由于很多系统是分期、独立建设的，所以企业内会出现很多数据来源不一、定义和用途不同造成的理解和使用上的混乱。作为数据治理的一个重要目标，就是通过集中的主数据管理为所有重要的数据明确单一可信的源头，从而避免歧义和冲突对分析带来的不利影响。
- 数据重复最小化：如果在不同系统中存在大量数据重复现象，有可能导致数据没有及时同步或者数据冲突的问题。例如很多互联网业务面对高并发访问的压力，会在业务系统开发时采用数据库反范式设计⊖，以求在性能上达到较好的表现。但是如

⊖ 数据库反范式设计是指以空间来换时间，在多个数据表中存储相同的数据，通过数据的冗余来减少查询时间或者避免表之间的关联。

果不做合理的管控，则不仅会对数据冗余的维护带来极大的不利，而且还需要更多的技术手段来保证数据的一致性。因此，权衡效率与可靠性，需要让数据冗余保持在最小的合理范围内。
- 始终贯彻数据质量：企业需要对数据质量定义统一的标准，而且需要让所有人都在规范指导下开展与数据有关的工作。只有高质量的数据，才能在数字化转型中发挥核心作用，实现指导产品创新，促进流程优化，提升业务决策的价值。
- 坚守数据安全及隐私保护：随着《中华人民共和国数据安全法》及《中华人民共和国个人信息保护法》的颁布，企业需要高度重视数据安全及隐私保护。在数据治理的过程中，要加强对数据访问及利用的审计，保证业务开展过程中切实满足合规的要求。

所有的数据都不是凭空出现的，而是由企业的各个业务系统、用户的各类设备不断地生产出来的。这些数据需要经过一系列的加工处理才能发挥其价值。就如同大家所熟悉的石油，只有经过精炼技术加工成汽油、柴油等产品后才能在工业领域发挥出至关重要的作用。企业需要对数据的全生命周期进行有效的管理，云安全联盟的数据模型将其分为创建、存储、使用、共享、存档和销毁六个阶段。除了借助技术手段在各个阶段实现相应的处理外，企业还需要开展有效的数据管理来构建自己的数据供应链。

- 管理数据源：数据的来源非常丰富，除了业务系统外，还可以是智能终端、IoT 设备、社交媒体、第三方机构等。在对数据进行采集时需要采取相应的手段来消除重复、不一致、含义模糊的数据，或者存在法规风险的数据，因此需要有一个集中的职能部门负责所有外部数据的评估，并将其与企业的数据模型进行匹配。

- 文档化与流程管控：对数据的创建、访问路径进行分析并文档化，为数据分析相关的数据、成本、质量等开展文档化工作。结合需求制定流程控制和合规性评估，从而用于判断是否能够满足需求并发现不足与差距。

- 数据验证：在对数据进行抽取、转换和加载的过程中，还需要结合相应的验证手段，例如，对记录数、记录波动范围、数据唯一性或者数据时间进行校验等，从而避免出现异常而导致问题。

- 数据分类分级：从业务角度出发对数据的类别进行梳理，从而划分不同的数据类别。此外也需要从满足监管需求的角度出发，明确针对不同敏感等级的数据采取不同的保护策略。只有对数据分类分级，才能更好地管理数据资产，进而持续为企业提供关键的数据服务。

- 管理数据质量：数据质量作为数据管理的重点工作，需要让所有人都理解各自在数据质量方面的责任；而且需要围绕业务诉求，制定相应的度量指标，不仅对数据结果进行度量，也要对数据处理过程进行监控。

- 数据管理策略：应该建立专门的内网站点作为接口，以 Web 服务的方式向所有用户提供数据服务目录，让用户方便地获取所需数据的相关信息；为了避免直接操作原始数据，应该提供集中化的数据存储，而且用户以集中化的数据逻辑来访问相应的 Web 服务；对于主数据、元数据及交易数据，应该结合数据相关的结构、依赖关系、过期时间等信息，授权用户对数据进行访问；当用户使用数据时（特别是对数据结构或者内容进行修改等操作时），必须通过相关的日志对所有的操作过程进行文档记录。

1. 数据驱动创新

创新是企业数字化转型中提升竞争力的关键，因此组织为了让一个创新的想法成为现实，需要为创新想法提供从准备阶段到最终商业化的全面支持。高效的数据管理能够为业务创新提供坚实的基础，通过打造数据驱动的组织，让数据和相关的分析与挖掘成为创新的重要温床。

数据分析将揭示各种事物之间的关联性和因果关系，从而发现复杂系统内的关键影响要素，从而有力地支撑产品的设计和优化。借助数据的分析与挖掘，还能够帮助产品经理破除对一些事物的刻板印象，从而发现重要的客户群体和需求。例如，我们在写《中国IT管理十年》一书时就通过访谈看到这样一个例子：如果问大家2012年时最舍得在手机流量上花钱的群体是谁，很多人都会自然而然地想到公司白领、大学生、商务人士等，但是Google的数据分析显示农民工群体的收入中用于支付手机流量的花费比例最高。这个分析结果就突破了产品经理基于经验和直觉形成的直观判断，也会让产品经理针对这个之前没有在意的群体来专门设计产品与功能。

为了达成数据驱动创新，IT组织需要把数据作为一个关键要素植入企业的文化中，让所有人在工作和创新时都会主动考虑数据的作用，并积极对各种数据进行分析和挖掘。通过内外部的案例和实践，激发个体对数据的关注，开放视野去观察数据能够带来的巨大影响。通过数据能够对创意和想法进行初期验证，而在明确了创意和想法后，借助数据手段也可以快速实现产品的开发与测试。

2. 首席数据官

对于企业或组织而言，需要把数据作为企业或组织的资产来管理。但是当前大多数企业或组织的管理者并不是数据分析的内行，因此需要任命一位具备专业数据知识并且对数据拥有足够管理权限的首席数据官。首席数据官的使命就是把组织内部和外部的数据采集好、利用好，形成数据优势。

首席数据官的主要职责是负责发展组织的数据利用能力，从而为数字化战略的实施提供切实可行的支持。首席数据官是组织内数据治理的领导者，他负责带领所有人按照正确的方式开展所有与数据有关的工作，从而保证数据的权威性、可识别性，真正实现数据在商业决策、创新等方面的核心价值。

首席数据官作为一个专职的管理者，需要专注于数据的理解，全面负责数据管理、数据治理以及数据服务的开发，从而在企业或组织的数字化转型中发挥关键作用。因此他需要是数据管理领域的专家，必须具备数据架构设计、数据建模、数据集成、质量工程等方面的管理经验。

作为首席数据官，他负责领导团队开展规划、投资、培训、开发、集成、实施、恢复和演进等，从而帮助企业更加高效地促进业务战略的实现。其主要职责包括：

- 指导企业数据架构管理：以业务发展为目标推进数据架构管理工作，通过构建坚实的数据架构实现数据相关的流程、系统、软件工程组件等的开发、维护以及复用。
- 贯彻组织的数据治理：基于企业的数据治理目标，制定数据治理的关键实施路径，带领数据团队高效地完成元数据管理、数据安全、数据质量、数据开发及组织建设等工作；能够以数据的全生命周期为基础来建设相应的各项能力，实现对数据价值的挖掘。
- 提升数据管理成熟度：数据管理是使得数据更加有效地支持业务活动的管理行为，因此需要对数据计划协调、企业数据集成、数据专员、数据开发、数据运维、数据资产应用等各个职能域的能力现状进行分析，进而有针对性地开展管理工作以提升其成熟度。

2.3.4 深化安全保障

近年来，席卷全球的数字化转型正在彻底改变用户体验、业务流程、产品和服务以及商业模式，越来越多的企业借助以云计算、大数据、物联网为代表的新兴技术来运营自身业务，企业重要的核心资产正在由固定资产向数据资产转移，数据成为其业务稳定运营的关键。在数字化转型过程中，网络安全形势也日益严峻，数据泄露事件频发，甚至直接导致业务的停顿。根据 Cybersecurity Ventures 的数据，2021 年因网络犯罪导致的损失约为 6 万亿美元，几乎达到世界经济的 10%。

从 2016 年 10 月美国遭到史上最大规模 DDoS 攻击致东海岸网站

集体瘫痪事件来看，在大数据时代，网络攻击造成的后果恶劣并且影响深远，同时会导致民众和国际社会对于该国网络安全能力产生质疑和不信任。因此，相对于事后补救和追责制度，有效的网络安全体系的建立可以有效降低网络安全危机发生的可能性，提升国家网络安全防护能力。

1. 传统安全防护体系面临的问题

网络安全威胁日益严重，其背后是网络环境和攻击手段的深刻变化。在数字化转型过程中，物联网、大数据、人工智能和云计算等新技术的应用，导致企业受攻击的面不断扩大，传统的网络边界持续瓦解，带来物联网安全、云安全、移动安全、数据安全、安全智能运维等全新的挑战。传统的信息安全体系无法有效抵御快速进化的网络攻击，这将使企业级用户在防御网络攻击的过程中陷入被动。传统安全防护体系面临的主要问题表现在：

- 缺乏体系、统筹、设计、规划。传统信息安全防御体系缺乏科学的设计，企业级用户更为关注的是安全产品所带来的防御效果，但由于安全体系建设的不足，安全并未融入其业务快速发展的整体规划过程中，这就使得其应用系统中潜藏着大量的安全漏洞，难以从体系架构上解决网络安全问题。
- 缺乏协同响应造成安全洼地。传统信息安全防御体系中存在大量的信息孤岛，通常的部署方式是在网络边界部署防火墙，网络内部部署防病毒软件、DLP 或内网安全管控产品等，所部署的信息安全产品在各自"阵地"上孤立地坚守岗位，整个防御体系中的安全组件之间缺乏彼此间的协同响应。

- 安全防御策略静态化。传统防御完全依靠网络安全人员对设备的人工配置来实现，难以应对当前技术手段越来越高的网络入侵事件，只能被动地接受攻击者的恶意攻击。由于缺乏智能学习和对未知威胁的检测能力，不能识别新的网络攻击，难以对下一次攻击行为实施任何影响。
- 缺乏及时有效的安全服务。在信息安全防御体系落后的情况下，安全服务是弥补缺漏的关键因素，缺乏及时有效的安全服务将使得企业信息系统成为黑客疯狂肆虐的地方。但目前多数企业级用户的信息安全防御体系建设还停留在购买安全产品阶段，安全服务并没有得到广泛的应用。

2. 企业级安全防护体系的演进方向

传统的被动安全防御体系已经根本无法抵御日益频繁的网络攻击，企业需要重新审视传统网络安全的思想、方法、技术和体系，构筑全面防护的安全体系。

对于企业级用户来说，安全防护体系五阶段论更符合现实情况。图 2-12 展示了安全防护体系的五阶段——初级防护阶段、被动防护阶段、合规防护阶段、主动安全阶段、智能安全阶段，分别对应经验欠缺组织、被动响应组织、合规性组织、前瞻性组织和预测性组织。

面对数倍于我们防护速度的安全威胁，我们唯有向更高的安全防护阶段演进，打造更为先进的防护体系，实现从被动防护、合规防护向主动安全的跨越，建立主动、智能和全面的安全防护体系，才能有效应对日益严峻的安全形势。

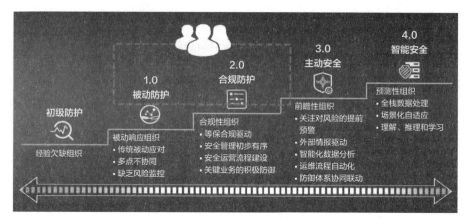

图 2-12 安全防护体系五阶段

3. 构建主动安全体系的必要性

（1）主动安全是贯彻国家信息安全战略的直接体现

随着数字中国建设和《中华人民共和国网络安全法》的颁布，信息安全产业成为中央及各级地方政府扶持的重要产业，中国信息安全产业面临爆发式增长的机遇。从《中华人民共和国网络安全法》第五条可以看出，国家对网络安全风险和威胁坚持积极主动防御原则，在日常工作中实时监控网络安全态势，对网络信息进行分析处理，评估潜在的安全威胁并加以预防，以期将网络安全危机清除在初始阶段。我们需要建设"战略清晰"的网络安全保障体系，执行积极主动防御的技术路线。

因此，主动安全要从以下四方面入手：一是从事后转向事前，实现关口前移和提前预警；二是由静态特征分析转向智能数据分析，实现动态安全防护；三是从手工转向自动化，实现安全运维自动化；四是从单点转向全面，实现协同联动和全面防护。只有实现以上四个转变,才能符合"整体、动态、开放、共同"的国家网络安全指导方针,实现国家提出的"积极防御、综合防范"的信息安全战略目标。

(2)数字化转型需要主动智能的安全模式

快速发展的数字经济正成为驱动中国经济增长的新动能。在加速数字化转型的同时,网络攻击由过去黑客炫技的个人行为,发展成有组织的犯罪行为,呈现手段专业化、目的商业化、源头国际化及载体移动化的趋势。传统的安全防御体系根本无法抵御当前的网络攻击。

数字化转型需要与之相适应的安全理念和防护模式。新的安全理念与防护模式应该同样有助于加速业务创新和提升用户体验。安全厂商需要革新安全理念、技术和模式,实现从事后补救到安全前置,从局部分割到全面防护,从被动安全到主动安全的转变,构筑主动、智能、全面的安全防护体系,为政企用户的数字化转型提供有力的安全保障。

4. 主动安全的概念内涵

随着数字化转型的推进,信息基础设施的互联网化、移动化、大数据化和云化带来全新的安全挑战。从被动安全向主动安全的转变,使得构建主动安全体系成为数字化转型的必然选择。在这种背景下,主动安全将成为数字经济时代的安全基石。

图2-13展示了主动安全的核心理念,即从全栈、意图、使能三个方面实现从安全数据采集、安全数据分析到安全协同响应的全闭环。

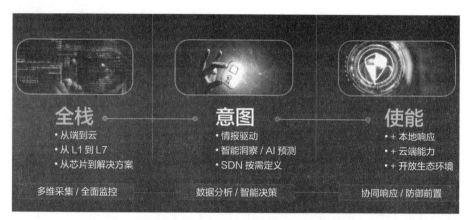

图 2-13　主动安全的核心理念

全栈是指对安全数据的多维采集和对系统的全面监控,即业务从终端到云,网络协议从物理层到应用层,数据从独立组件到业务系统,产品从芯片到解决方案的全面覆盖。

意图则是指分析与决策。通过情报共享、环境感知、机器学习、软件定义等技术,利用大数据平台对海量数据进行关联分析和深度挖掘,从全局视角提升对安全威胁的发现识别和理解分析。

使能是指协同与响应,包括本地响应、云端赋能和安全开放生态等。根据实时场景自适应决策响应,主动将安全策略推送给全网关键设备,通过云端检测与边界防御,实现安全事件的预警、响应和处置。

如图 2-14 所示,主动安全体系有六大关键特征——开放互联、情报驱动、AI 进化、智能运维、软件定义、云端赋能,实现对安全风险威胁的"预知未来、主动发现、协同防御和智能进化"。

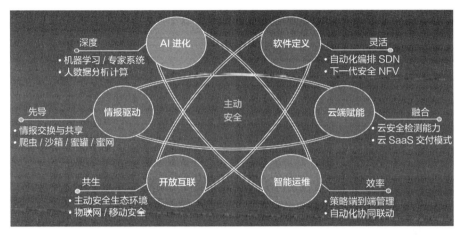

图 2-14 主动安全体系的六大关键特征

（1）开放互联

打造开放的安全生态体系，解决安全产品缺乏联动的问题。对非安全厂商来说，在产品设计之时就需要考虑安全接口，方便在实际使用时融入整个安全体系。对安全厂商来说，彼此之间的产品需要开放接口，协同合作，打造出联动的能力，帮助用户完善安全体系。

（2）情报驱动

安全威胁预先防范的核心点就在情报收集与提前分析。一方面，情报需要提前整合与分析，才能在对抗中获取主动，做到主动安全。另一方面，情报不应该只作为单点出现，需要以"情报云"来收集各方面的情报，进行分析与感知。

（3）AI 进化

利用人工智能技术构建"安全大脑"，对全网海量安全信息进行自动分析与深度挖掘，及时掌握安全状况和发展趋势，快速进行自适应联动响应，从而全面增强整体安全防护能力。

（4）智能运维

智能运维的价值在于帮助运维从海量的信息当中提取最有价值或者最需要注意的信息，帮助运维人员制定、优化以及下发策略，提升运维以及管理核心资产和关键业务的效率。

（5）软件定义

主动安全需要实现安全资源的池化。可以根据应用的场景和需求，灵活调配和使用安全资源，实现安全资源利用的最大化，从而显著提升用户的安全防护能力。

（6）云端赋能

结合云端的海量安全知识库等云上安全能力，主动安全体系可以实现网站监测、病毒查杀、抗 DDoS 和 APT 防护，更能实现对安全事件的预警、响应和处置。

5. 主动安全体系的架构

主动安全体系是基于大数据分析及人工智能等技术，通过安全分析平台将各安全组件有机地结合在一起，将各个组件全局统筹和协同响应，构建"云－网－端"协同的防御体系，将每个防御点的使用价值最大化。

如图 2-15 所示，主动安全体系的架构基于大数据和人工智能等技术，从安全日志、终端行为、网络流量、业务数据、威胁情报、资产管理和故障诊断信息等多源数据的采集着手；对风险状况、攻击趋势、异常流量、异常行为和异常资产进行多维度智能分析和可视化呈现；根据实时场景自适应决策响应，快速生成应急预案，主动将安全策略推送给全网关键设备，实时预警和响应安全事件。

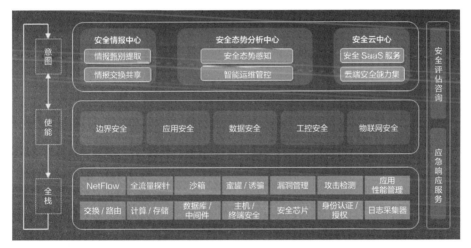

图 2-15　主动安全体系的架构

为了构筑和支撑完整的主动安全体系，主动安全体系需要包括全栈检测类、AI 智能分析类、云端赋能类等三大类产品，主要包括终端安全、高级威胁检测、全流量探针、安全态势感知、安全云、云墙等产品。

6. 主动安全体系的发展趋势

在大数据、云计算、物联网为主流的信息网络中，网络攻击造成的后果恶劣并且影响深远，主动安全体系需要涵盖从网络安全、云安全、移动 IT 安全，到大数据安全、工控安全，乃至可信计算和物联安全在内的多个领域，必须具备多平台兼容性、智能分析、协同响应、先知预判等能力，通过"云–网–端"立体防护，将云端分析和边界防御相结合，才能洞察各种攻击威胁，从而有效阻断或大幅减少网络中的各类威胁。主动安全体系此时不再只起桥梁"护栏"的作用，而是真正成为承载企业业务这艘"巨轮"稳定运行的"船身"。

2.3.5 支撑业务流程再造

在企业的发展中，往往由于部门协同不足等问题，会导致很多业务流程存在效率低下、难以适应市场变化等问题。IT 部门所构建的系统和平台作为所有业务流程的载体，在数字化转型中对业务流程再造起到了非常重要的作用。

IT 部门构建集约化的运营平台，则可以通过整合同质要素、同步并行处理等手段实现流程优化，提升业务流程效率，而且构建业务的敏捷能力。转型意味着要打破旧有规则，解决新困扰、新问题。所以 IT 部门可以与业务部门合作，开展对业务架构的梳理。基于业界成熟的方法论进行业务流程建模、数据建模、产品建模、用户体验建模等工作，通过制定企业级的标准化体系实现模块化。在对流程进行建模时，对业务流程进行分层细化表述，按照"领域→阶段→活动→任务→步骤"进行业务建模，从而解决以前由于职能部门分隔而导致的重复建设、客户体验差等问题，而且流程再造后还有助于新业务的快速设计与推出。

以金融行业为例，经过多年的发展，银行体系愈发复杂，很多部门级、竖井型的业务系统大量投入运营。在外界环境快速变化的当下，效率低下、成本高而且风险控制不足的问题便纷纷显现出来。银行通过开展业务流程再造建立了基于流程的完整功能体系，建立起一个覆盖业务受理、渠道接入、环节分解、流程驱动的运行平台，从而实现了任务管理、风险控制、异常处理、运行监控、应急处理的平台辅助机制。引入大数据、AI等技术后，也将以前主要依靠人工的风险控制模式调整为在系统中预置数据模型、由系统自动审核与人员审核相结合的新模式，成功优化了风险防范机制的同时也实现了效率与成本优化的大幅提升。

2.3.6　助力人才数字素养的提升

在数字化时代，数字素养已经成为每一个人的基本能力。国家已经发布了《提升全民数字素养与技能行动纲要》，该文件指出提升全民数字素养与技能，是顺应数字时代要求、提升国民素质、促进人的全面发展的战略任务，是实现从网络大国迈向网络强国的必由之路，也是弥合数字鸿沟、促进共同富裕的关键举措。

在企业或组织内开展对每个员工的数字素养培养，则可以在提升高效率数字工作能力、激发数字创新活力、提高数字安全防护能力等方面开展一系列工作。虽然对员工的培养不是IT部门的关键职责，但是由于IT部门自身在数字化方面的专业能力，将对人才数字素养的提升起到非常重要的作用。

1. 提升高效率数字工作能力

当下企业管理的思想开始由制度创新迭代到工具创新，原有的管理理念中人是执行单位，在某个流水线上执行单一指令。但在新经济中，人是创造单位，企业的使命也从工业时代的管控人走向知识经济时代的解放和激发人[一]。IT部门则可以通过引入数字化解决方案并且对人才开展相关的培训，让人才能够实现更高效率的协同办公。

在工具的加持下，敏捷、OKR等理念才能够更好地在组织内推广落地，从而改变固有工作模式中的不足。IT部门往往作为数字化的中坚力量，一方面要向其他部门推广新的理念与工具，另一方面自身也要作为一个实践者担当示范标杆的作用。

2. 激发数字创新活力

创新是所有企业持续成长的动力，因此在数字化转型中创新也始终是一个极为重要的方面，创新既需要出色的洞察和精彩的创意，又需要适宜的环境让创意转化为最终的产品或服务。因此，为了激发员工创新的活力，IT部门一方面需要不断输出业界新技术、新理念来让员工能够从现实工作中思考如何借助数字化手段来解决问题，另一方面也要提供低成本的平台帮助员工能够快速对产品或服务原型进行构建并开展验证。

在我们对多家企业的访谈中，有些企业或机构内都会长期坚持举办学习活动。这些学习活动除了标准的课程授课外，还有更多的是内

[一] "飞书的故事，不止协同办公"，网址为 https://baijiahao.baidu.com/s?id=1699719779837272282&wfr=spider&for=pc。

外部专家的交流活动。这些交流活动，让相关人员能够以开放的视野来了解有哪些实践可供参考，有哪些资源能够支持他们的想法。某国有大型银行还在运维部门内部开展创新大赛，让原本对创新并不是非常在意的员工从现实工作中的痛点出发，主动思考、积极尝试，对于创新氛围的营造起到了非常好的作用。

3. 提高数字安全防护能力

通过对大量安全事件的分析可以看到，企业安全问题中弱口令、社会工程学攻击占比始终较大。因此对于数字安全防护，除了积极采取技术手段并构建安全管理体系外，还需要针对所有人员开展一系列的安全意识宣导和教育，要让所有人对等级保护有充分的理解，还要以典型的案例和场景为基础，让他们了解到日常工作中哪些不经意或者想当然的行为可能会导致严重的安全风险。

IT 部门应该与人力及培训部门合作，通过培训、分享、典型事件回顾等方式，让所有人意识到安全并不是安全团队和少数专家的事情，每一个人都对企业数据安全承担着重要的职责。每一个人在工作中要有意识地避免使用弱口令，而且不访问有恶意意图的邮件、网站等，并能够主动汇报异常的现象和问题。

2.4 数字化转型的能力

数字化转型对于企业或组织而言，其价值不局限于提升效率，而是一系列能力的构建与提升。通过相应的能力构建，还能够让组织获得最关键的动能来实现业务模式、产品和服务的创新与升级。IT 部门作为数字化转型的支点，对于新能力的构建应该成为积极的实践者和推动者。

下面我们以上一章所述价值模型为基础，梳理一下数字化转型中组织需要具备的能力。

2.4.1　产品创新能力

产品是企业对客户交付价值的最终形态，所以产品及其服务的创新是企业在市场竞争中的关键。所有的创新都是基于特定用户群体的需求而生，在数字时代数据分析与挖掘为创新提供了非常关键的输入。

对于 IT 部门而言，需要让专业人员培养产品思维。项目经理负责把正确的事做完，他们更加关注的是按计划和质量要求完成某项工作，而产品经理则是从价值出发选择做正确的事，需要思考做什么才能够对企业或组织的成长更有价值。产品经理需要端到端地思考产品的概念、原型、研发、运营直到产品下线的完整过程。IT 部门所提供的所有平台和服务都需要作为一个产品来规划与运营。产品经理需要能够清晰阐述产品价值；所有需求都需要数据化、量化，而且由价值界定；从用户角度去审视产品的功能与体验等。

创新能力的构建，首先是技术研发、产品设计和生产制造等相关技术能力的提升。此外，还需要在资源投入、创新管理、创新实现及创新激励等方面做相应的能力培养。这些能力的高低取决于对于知识和智力的支持是否到位，是否有相应的机制对创新进行评估并能够给予畅通的通道来支持创新的转化，是否能够在组织层面对创新从创意、原型、产品到市场投放提供包含开发、生产和营销的足够支持。

2.4.2 数字化营销能力

数字化营销能力的特征是动态的、多变的、不断迭代的，其核心作用就是将产品与服务以最高效的方式连接到尽可能多的客户，实现价值体系中的价值传递。因此，在数字化营销能力方面，重要的是构建与潜在用户的连接。2021年电商直播的崛起，就代表着与消费者的另一种营销连接途径。

对于ToC的产品与服务而言，流量的获取是营销的重要考量。流量的入口随着搜索引擎、社交媒体、电商平台、视频营销、电商直播等风口不断涌现而变迁，对于企业而言最大的挑战是如何以最佳的投入产出比实现营销的目标。这里对目标用户群体的定义与连接是决策的关键，也就更加依赖企业的数据分析与挖掘能力。

2.4.3 生产与运营管控能力

"5G + 工业互联网"的快速发展，使得生产制造逐渐向数字化、智能化方向发展，智能制造成为企业的必然选择。5G、AI、AR、大数据及云平台的发展，将推动企业在设备自动化、生产透明化、物流智能化、管理移动化、决策数据化等方面开展相关的工作，从而构建先进制造能力。

数字化运营是通过数字化技术、工具，在数据能力的加持下，对产品及服务交付使用进行管控，从而提升用户的运营效率，并且实现业务目标在资源和策略方面的整合。数字化生产与运营对标准化和精细化都有更高的需求，因此企业需要以数据运营为核心开展数字化运营建设。

2.4.4 数据开发能力

在所有人都认可数据在数字化转型中的核心作用后，企业或组织的关键举措就是提升数据开发能力，让数据的价值得以发掘并切实为业务决策、用户体验、流程优化等提供有力的支撑。在数据开发的组织层面，大致可以分成三个层级的团队。最上层是业务条线内的大量业务分析师，他们利用现有的工具和模型，为业务发展提供相关的数据分析与挖掘。中间层是数据科学家，他们负责提炼和开发可复用的数据模型和特定的算法，指导数据中台的构建，从而支持业务分析师更好地开展工作。第三层则是数据架构师和维护专家，他们构建企业的数据技术平台，使其能够实现数据全生命周期的加工与处理。

从能力的维度，我们可以将数据开发能力进一步分解成以下几种。

1）业务理解能力：能够理解特定业务的特点及其关键要素，对其相关联方向的业务也有相应的理解，也能够了解整体业务特性并提供相应的数据建设意见。

2）数据技术能力：掌握数据生态中的相关数据技术，能够合理规划技术组合的应用去解决复杂的业务问题。通过不断引入新的技术手段，为业务的发展提供必要的支撑。

3）数据建设能力：具备数据建模能力，通过数据模型的开发来保证数据复用性、标准性、全面性等目标的达成。能够系统性思考业务模型架构设计的合理性，保证整体架构的复用性。能够把不同业务条线的数据融合起来，为业务创造更高的组合效应。

4）数据管理能力：能够为组织制定关键的数据原则、体系化梳理数据供应链，并制定相关的数据标准和主数据的管理规范。通过数据治理，保障数据质量目标的达成，从而让组织有统一可信的数据用于分析。通过角色与职责的划分，能够清晰界定数据处理流程中数据的所有权及访问权限的管控。

5）数据运营能力：能够对数据的使用经验进行沉淀总结，将数据及相关能力打包成数据服务，从而让数据资产在更大的范围内被使用。通过多种手段赋能业务团队，提升业务团队对于数据开发的认知。

2.4.5 用户服务能力

数字化时代，企业在参与市场竞争时能否积极响应不断变化的用户需求，给用户带来更好的体验是竞争力的重要组成部分。要提升用户服务的能力，需要实现若干项关键工作：建立与用户的全要素连接，从而能够全面地理解客户的需求；构建全面的服务体系，对客户提供及时服务，提升客户体验；实现从被动响应到主动服务的转变，通过多种监控手段与人工智能的结合，达成防患于未然的目标，从而帮助客户降低风险。

"以用户为中心"是服务的本质，组织在构建用户服务能力时还需要进行意识层面的转变。从一味追求流程和合约执行的符合度，转变为以客户价值为基准的决策模式。在服务过程中，始终聚焦价值来审视服务中的价值链，从而以最大化客户价值为出发点进行决策并开展服务工作。

2.4.6 合作生态能力

在商业领域，客户更需要的是针对特定业务场景的整体解决方案，而非单一技术产品和服务，因此企业能否构建坚实的生态系统成为决定竞争成败的关键要素。企业借助数字化平台可以拉通上下游供应链，从而不断提升产品和服务的交付效率，而且也能够快速响应客户的需求变化。

企业在生态合作方面，需要通过构建数字化平台强化与生态合作伙伴的连接，实现安全可靠的数据流通，从而放大自身的优势；通过加深与合作伙伴的关系，还可以在垂直领域扩展新的能力和客户连接。

Chapter 3 | 第 3 章

数字产业化与新基建

在移动互联网、云计算、大数据等数字化技术深入经济社会各个层面，开始影响百行百业深度转型之时，各国政府高度重视这种代表未来的新经济形态——数字经济。全世界达成共识，数字经济是继农业经济、工业经济之后的一种新的经济社会发展形态。对于数字经济的定义，以 2016 年 G20 杭州峰会发布的《二十国集团数字经济发展与合作倡议》最具代表性。该倡议认为，数字经济是指以使用数字化的知识和信息作为关键生产要素、以现代信息网络作为重要载体、以信息通信技术的有效使用作为效率提升和经济结构优化的重要推动力的一系列经济活动。按照这个定义，任何数字化转型举措都属于数字经济的范畴。企业数字化转型必将推动数字经济发展，而国家数字经济的发展也必然影响行业、企业的数字化转型。

3.1 数字产业化是百行百业数字化转型的基础

新冠肺炎疫情（以下简称"疫情"）对全球经济造成严重冲击，中国是 2020 年全球主要经济体 GDP 增长率唯一实现正增长的国家（如图 3-1 所示），其中数字经济的蓬勃发展已成为经济稳步复苏的强有力支撑。根据中国信通院《中国数字经济发展白皮书（2021 年）》数据，2020 年，我国数字经济规模达到 39.2 万亿元，占 GDP 比重达到 38.6%，数字经济在国民经济中的地位进一步凸显。

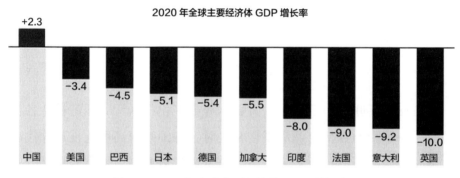

图 3-1　2020 年全球主要经济体 GDP 增长率

数据来源：IMF，2021 年 1 月

2021 年是"十四五"开局之年，2021 年 3 月 11 日，第十三届全国人民代表大会第四次会议审议通过《中华人民共和国国民经济和社会发展第十四个五年规划和 2035 年远景目标纲要》，该纲要中提出"打造数字经济新优势。充分发挥海量数据和丰富应用场景优势，促进数字技术与实体经济深度融合，赋能传统产业转型升级，催生新产业新业态新模式，壮大经济发展新引擎"。在"十四五"乃至更长时期，数字经济在提高经济运行效率、培育新发展动能、畅通国内国际双循环方面将发挥越来越重要的作用，数字经济新发展格局开始逐步呈现。

根据中国信通院《中国数字经济发展白皮书（2021年）》中的定义，数字经济包括四大部分：**一是数字产业化**，即信息通信产业，具体包括电子信息制造业、电信业、软件和信息技术服务业、互联网行业等；**二是产业数字化**，即传统产业应用数字技术所带来的产出增加和效率提升，包括但不限于工业互联网、两化融合、智能制造、车联网、平台经济等融合型新产业、新模式和新业态；**三是数字化治理**，包括但不限于多元治理，以"数字技术＋治理"为典型特征的技管结合，以及数字化公共服务等；**四是数据价值化**，包括但不限于数据采集、数据标准、数据确权、数据标注、数据定价、数据交易、数据流转、数据保护等。

在这四个部分当中，数字产业化是数字经济的基础。疫情下数字技术创新应用助力科学有效抗疫，不仅加速了产业数字化进程，更形成了平台经济、服务经济、共享经济等多元化的创新业态，有效推动了我国经济复苏以及高质量发展。一方面，数字技术成为疫情期间我国防疫抗疫和维持社会生产生活的关键支撑，"大数据＋网格化"、健康码等数字技术和应用精准助力科学疫情防控。另一方面，数字技术在个性化定制、柔性生产、数字孪生等智能制造和工业互联网应用等方面发挥重要作用，通过与产业经济深度融合，支撑线上办公、远程医疗、在线教育等新业态快速常态化、便捷化，助力企业复工复产，适应新常态下市场需求，为经济发展注入了新动能[1]。

---

[1] 参见《中国城市数字经济指数蓝皮书（2021）》。

2020年《政府工作报告》中提出"加强新型基础设施建设，发展新一代信息网络，拓展 5G 应用，建设数据中心，增加充电桩、换电站等设施，推广新能源汽车，激发新消费需求、助力产业升级"。新基建主要包括七大领域，分别是 5G 基站建设、新能源汽车充电桩、大数据中心、人工智能、工业互联网、特高压、城际高速铁路和城市轨道交通，其中 5G、大数据中心、人工智能和工业互联网都属于数字产业化的范畴，它们将为百行百业的数字化转型赋能。

5G 与各行业的融合应用将是未来的重点发展领域，它为我国带来新的经济增长点的同时，还将成为百行百业数字化转型的新动能。远程办公、视频会议、在线购物、远程医疗、在线问诊、智慧城市、智能家居等 5G 的应用场景将不断增多。

数字化转型的核心是数据，数据中心作为数据的载体和核心能力，是百行百业数字化转型的基础。没有数据中心的支撑，数字化转型将寸步难行，新型数据中心的建设，必然进一步推动数字化转型。

随着数据的积累，海量的数据不可能仅由人来处理，人工智能将会与百行百业数字化转型的业务场景融合，未来人工智能将无处不在，企业对人工智能技术的应用，将成为数字化时代竞争的焦点。

制造业是国民经济的主体，是数字化转型的主战场。工业互联网将进一步推动制造业数字化转型，催生新模式、新业态，重塑产业链新体系。

5G、大数据中心、人工智能和工业互联网等新型基础设施建设，将成为百行百业数字化转型的底座。如何更好地利用新型基础设施的能力，也是各个身处数字化转型中的组织需要认真研究的课题。

3.2 5G

3.2.1 5G 及其发展现状

通信基础设施为数字经济提供底层支撑，是全世界各国的必争之地。欧美发达国家主导了 1G 到 4G 的发展，这让它们稳稳地坐在了科技霸主的位置。今天 5G 来了，5G 与 4G 相比，在用户体验、连接设备数量、时延方面具备明显的优势。速率比 4G 快 20～30 倍，网络容量是 4G 的 1000 倍，时延为 4G 的 1/10。5G 将开启万物互联的新时代，对我国经济发展具有重要的战略意义。这一次，我国走在了世界的前沿。

ITU（国际电信联盟）定义的 5G 三大应用场景分别是 eMBB（evolved Mobile Broad-Band，增强移动宽带）、uRLLC（ultra-Reliable and Low-Latency Communication，超可靠低时延通信）和 mMTC（massive Machine Type Communication，海量机器通信），如图 3-2 所示。eMBB 主要应用于追求人与人之间通信的极致体验的场景，如移动高带宽数据接入、3D/超高清视频、AR/VR 等大流量移动宽带业务；uRLLC 主要应用于对网络时延、可靠性要求很高的场景，如工业控制、无人机、无人驾驶、远程医疗等；mMTC 主要应用于物与物通信的场景，如智慧城市、环境监测、智慧农业、智能家居等。从这三大应用场景看，5G 将极大地改变我们的生产方式、生活方式及社会治理的方式。

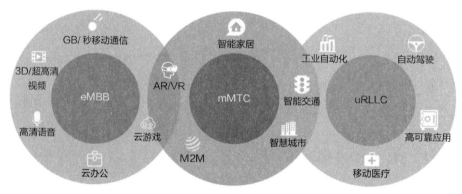

图 3-2　5G 三大应用场景

5G 的发展以及 5G 与大数据、人工智能、云计算、物联网等技术的融合，将进一步加速催生大量新应用、新模式、新业态。5G 将推动信息产品和服务不断丰富、创新，带来全新的客户体验，消费者将接触到更丰富、更高科技的信息应用场景。AR/VR 很早就出现了，但由于带宽、时延的限制，一直没有得到很好的应用和普及，而 5G 技术会极大地改善了 AR/VR 体验，AR/VR 设备将真正走入每个人的生活，甚至代替手机成为新的互联网入口。

近年来，国家密集出台大量推动 5G 发展的相关政策，为 5G 发展起到了巨大的推动作用。

2016 年 12 月发布的《"十三五"国家信息化规划》中就提出"加快推进 5G 技术研究和产业化，适时启动 5G 商用，积极拓展 5G 业务应用领域"。

2017 年 1 月，《信息通信行业发展规划（2016—2020 年）》中提出"支持 5G 标准研究和技术试验，推进 5G 频谱规划，启动 5G 商用。到'十三五'末，成为 5G 标准和技术的全球引领者之一"。

2018 年 12 月中央经济工作会议明确提出"加快 5G 商用步伐，加强人工智能、工业互联网、物联网等新型基础设施建设"。

2019 年 6 月 6 日，工业和信息化部（简称工信部）向中国电信、中国移动、中国联通和中国广电颁发了 5G 商用牌照，标志着我国正式进入了 5G 商用时代。

2019 年 12 月 23 日召开的全国工业和信息化工作会议提出"稳步推进 5G 网络建设，深化共建共享，力争 2020 年底实现全国所有地级市覆盖 5G 网络"。

2020 年 2 月 22 日，工信部召开加快推进 5G 发展、做好信息通信业复工复产工作电视电话会议。会议强调，要加快 5G 商用步伐，推动信息通信业高质量发展。一要加强统筹协调，努力营造良好环境，持续推进 5G 发展；二要加快建设进度，切实发挥 5G 建设对"稳投资"、带动产业链发展的积极作用；三要推动融合发展，加快推动"5G+工业互联网"融合应用，促进传统产业数字化、网络化、智能化转型；四要丰富应用场景，抓住 5G 在网络教育、在线医疗、远程办公等领域的业务发展机遇，释放新兴消费潜力，扩大网络消费，促进信息消费。

2020 年 3 月 6 日，工信部召开加快 5G 发展专题会，会议中提出：加快网络建设，统筹抓好疫情防控和复工复产，认真落实分区分级精准防控要求，加快 5G 网络建设步伐；深化融合应用，丰富 5G

技术应用场景，发展基于 5G 的平台经济，带动 5G 终端设备等产业发展，培育新的经济增长点；壮大产业生态，加强产业链上下游企业协同发展，加快 5G 关键核心技术研发，扩大国际合作交流，持续提升 5G 安全保障水平。

2020 年 3 月 18 日，国家发改委、工信部印发《关于组织实施 2020 年新型基础设施建设工程（宽带网络和 5G 领域）的通知》，重点支持虚拟企业专网、智能电网、车联网等 7 大领域的 5G 创新应用提升工程。

2020 年 3 月 24 日，工信部印发《关于推动 5G 加快发展的通知》，提出要培育新型消费模式，加快用户向 5G 迁移，推动"5G+医疗健康"创新发展，实施"5G+工业互联网"512 工程，促进"5G+车联网"协同发展，构建 5G 应用生态系统，同时提出要加快 5G 网络建设，持续加大 5G 技术研发力度，构建安全保障体系。

2020 年 5 月 22 日的《政府工作报告》中提出"加强新型基础设施建设，发展新一代信息网络，拓展 5G 应用，建设数据中心，增加充电桩、换电站等设施，推广新能源汽车，激发新消费需求、助力产业升级"。

2020 年 11 月 3 日发布的《中共中央关于制定国民经济和社会发展第十四个五年规划和二〇三五年远景目标的建议》中提出"系统布局新型基础设施，加快第五代移动通信、工业互联网、大数据中心等建设"。展望"十四五"时期，加快新型基础设施建设，以新基建筑牢发展新基石，将成为经济社会发展的重点工作之一。

2021年3月5日的《政府工作报告》中提出"加大5G网络和千兆光网建设力度，丰富应用场景"。

尤其是在2021年7月12日，工信部网站正式发布了十部门关于印发《5G应用"扬帆"行动计划（2021—2023年）》的通知，该行动计划正式成为指导我国这3年5G应用发展的纲领性文件。

党中央、国务院以及各地政府相继出台一系列政策，支持和推动加快我国5G发展，为我国5G发展创造了良好的政策环境。我国5G发展必将全面提速，为我国社会经济实现高质量发展提供强大支撑。根据中国信通院预测，2020～2025年，我国5G商用直接带动信息消费达到8.2万亿元，其中智能手机、可穿戴设备等终端产品的升级换代将释放4.3万亿元信息消费空间。

3.2.2　5G的应用场景与机会

为进一步探索5G的未来发展趋势和应用领域，十部门联合印发了《5G应用"扬帆"行动计划（2021—2023年）》，这是5G未来发展的指向标。

在该行动计划中，明确提出了一系列针对5G应用场景的深化行动，很多领域将在这3年发生天翻地覆的变化。

- 在信息消费领域，5G将与智慧家居深度融合，基于5G技术的智能家电、智能照明、智能安防监控、智能音箱、新型穿戴设备、服务机器人等会迅速发展。云AR/VR头显、5G+4K摄像机、5G 全景 VR 相机等智能产品将会在我们的生活中越来越常见，并因此拉动新型产品和新型内容消费，促进新型体验类消费的发展。

- 在融合媒体领域，5G 背包、超高清摄像机、5G 转播车等设备的使用将会越来越广泛，5G 技术会加快传统媒体制作、采访、编辑、播报等各环节智能化升级。5G+8K 直播、5G+ 全景式交互化视音频业务、360 度观赛体验都将真实地出现在我们的生活中，给我们极致的观看体验。

- 在工业互联网领域，5G 模组与 AR/VR、远程操控设备、机器视觉、AGV 等工业终端将会深度融合。5G 在质量检测、远程运维、多机协同作业、人机交互等智能制造领域将得到深化应用。

- 在车联网领域，将会涌现一大批可复制、可落地的应用场景。新的商业模式将会涌现。跨行业、跨区域互信互认的车联网安全通信体系将被建立起来。

- 在智慧物流领域，5G 在园区、仓库、社区等场所的物流应用将会越来越多，5G 在无人车快递运输、智能分拣、无人仓储、智能佩戴、智能识别等场景广泛得以应用。

- 在智慧港口领域，5G 在无人巡检、远程塔吊、自动导引运输、集卡自动驾驶、智能理货等场景中将被广泛应用，港口将越来越智能化。

- 在智能采矿领域，5G 在能源矿产、金属矿产、非金属矿产等各类矿区的应用也将越来越广泛，采矿业远程控制、无人驾驶等 5G 应用场景会彻底改变采矿业，实现井下核心采矿装备远程操控和集群化作业、深部高危区域采矿装备无人化作业、露天矿区智能化连续作业和无人化运输。

- 在智慧电力领域，基于 5G 的工业控制与监测网络升级改造，将使 5G 应用在发电设备运维、配电自动化、输电线/变电站巡检、用电信息采集等场景，实现发电环节生产的可视化、配电环节控制的智能化、输变电环节监控的无人化、用电环节采集的实时化。

- 在智能油气领域，5G 将在油田油井、管线、加油站等环节的高清视频监控、管道泄漏监测、机器人智能巡检、危化品运输监控等业务场景得到深度应用。

- 在智慧农业领域，5G 将在农产品冷链物流、电商直播等场景广泛应用。数字乡村与 5G 融合，将大幅提升乡村治理和公共服务信息化水平；利用 5G 推动教育、文化、医疗等资源向农村延伸，将助力农村信息消费。

- 在智慧水利领域，5G 技术将与水利行业深度融合，5G、物联网、遥感、边缘计算等新技术将大幅提升水利要素感知水平。

- 在智慧教育领域，随着未来 5G 教学终端设备及 AR/VR 教学数字内容的研发，与 AR/VR、全息投影等技术结合的场景化交互教学将打造沉浸式课堂。5G 在智慧课堂、全息教学、校园安防、教育管理、学生综合评价等场景的应用将越来越广泛，大大提升教学、管理、科研、服务等各环节的信息化能力。

- 在智慧医疗领域，未来大量 5G 医用机器人、5G 急救车、5G 医疗接入网关、智能医疗设备等产品将大量上市。5G 赋能远程医疗，能够帮助医院实现调度、问诊、会诊、查房等一系列远程处理；5G+ 调度中心能让医院更好地实现与外部协同，优化院内管理，便于获取远程医疗资源的支持；5G+ 云诊室使医生与病人在线上也能体验"面对面"的沟通效果；5G+ 远程会诊支持 4K/8K 医学影像数据的高速传输与共享，方便偏远地区民众享受专家级的医疗服务；5G+ 云影像室、云超声室、云内镜室也大大提升了各项检查和诊断的效率。此外，在公共卫生事件发生的特殊时期，远程医疗最大限度地减少医生与患者之间的接触，大部分情况下专家甚至不用进入隔离区，即可快速完成诊断。

- 在文化旅游领域，5G 和文旅装备、文保装备、冰雪装备的融合创新将大幅推动景区、博物馆等发展线上数字化体验产品，云旅游、云直播、云展览、线上演播等新业态将更加深入人民群众的生活，沉浸式文化和旅游体验将成为可能。

- 在智慧城市领域，基于 5G 技术的智慧政务服务，将全方位提升数字化社区生活的服务水平。5G 技术在基于数字化、网络化、智能化的新型城市基础设施建设中的创新应用，也将全面提升城市建设水平和运行效率。

3.3 新型数据中心

3.3.1 数据中心及其发展现状

数据是发展数字经济的关键生产要素，数字经济的高速发展离不开海量的数据支撑，数据中心作为海量数据的载体，2020 年被纳入"新基建"七大领域之中，这充分说明了数据中心发展建设的重要性。事实上，我国很早就重视数据中心的发展，曾出台一系列政策推动数据中心的发展。

2020年10月，国务院发布了《国务院关于加快培育和发展战略性新兴产业的决定》，强调加快建设"宽带、融合、安全、泛在"的信息网络基础设施，发展数字虚拟技术。

2012年6月，工信部发布了《关于鼓励和引导民间资本进一步进入电信业的实施意见》，支持民间资本在互联网领域投资，引导民间资本参与IDC（因特网数据中心）和ISP（因特网接入服务）业务经营。

2012年11月，工信部发布了《关于进一步规范因特网数据中心（IDC）业务和因特网接入服务（ISP）业务市场准入工作的实施方案》，监管政策降低了IDC市场准入，进一步明确IDC及ISP申请企业资金、人员、场地、设施等方面的要求。

2015年1月，国务院发布了《关于促进云计算创新发展培育信息产业新业态的意见》，提出加快推进"宽带中国"战略，规划到2017年，新建大型云计算数据中心PUE（数据中心消耗的所有能源与IT负载消耗的能源之比）值优于1.5。

2017年8月，工信部发布了《关于组织申报2017年度国家新型工业化产业示范基地的通知》，提出了优先支持工业互联网、数据中心、大数据、云计算、产业转移合作等新增领域集聚区积极创建国家示范基地。

2019年10月，工信部发布了《绿色数据中心先进适用技术产品目录（2019年版）》，开展了绿色数据中心先进适用技术产品筛选工作，对先进示范予以公告。

2020年3月，中共中央政治局常务委员会召开会议提出"加快5G网络、数据中心等新型基础设施建设进度"。

这一系列推进措施，让数据中心得以快速发展。在2020年数据中心纳入"新基建"之后，全国各地更是积极部署新基建，培育数字经济新模式、新业态，一批数据中心产业园陆续建成并投入运营。在政策导向、产业基础等因素指引下，各地围绕不同定位制定了数据中心建设规划。如山东提出全力打造"中国算谷"；浙江提出三年内建设大型、超大型云数据中心25个左右；上海计划三年内在临港新片区新建5个云计算数据中心；贵州重点打造大数据产业集群贵安新区，目前已规划建设12个超大型数据中心，计划到2025年，贵安新区承载服务器数达400万台，数据中心固定资产投资超400亿元，成为世界一流数据中心集聚区[一]。

数据中心赋能传统产业升级，推动经济高质量发展，助力数字化转型。随着数据中心的快速发展，数据中心的能耗也在不断刷新纪录。国家能源局数据显示，2020年我国数据中心耗电量突破2000亿千瓦时，创历史新高，能耗占全国总用电量的2.7%。数据中心能耗管控在碳达峰、碳中和目标下成为重中之重。

2013年以来，在国家和地方政府陆续发布的多个数据中心产业引导政策中，新建数据中心设计PUE由1.5（推荐性指标）降低为1.25（控制性指标）。2013年1月，五部委联合发布了《工业和信息化部 发展改革委 国土资源部 电监会 能源局关于数据中心建设布局

[一] 见新华财经年报"2020年我国数据中心发展情况分析及趋势展望" https://baijiahao.baidu.com/s?id=1687296394669918086&wfr=spider&for=pc。

的指导意见》，其中明确指出 PUE 小于 1.5 是新建大工业用电等项目的政策支持门槛。

2019 年，工信部、国家机关事务管理局、国家能源局联合印发的《关于加强绿色数据中心建设的指导意见》提出，到 2022 年，数据中心平均能耗基本达到国际先进水平，新建大型、超大型数据中心的电能使用效率达到 1.4 以下。

节能是数据中心面临的最大挑战。

3.3.2 建设新型数据中心是未来方向

2021 年 7 月 14 日，工信部印发《新型数据中心发展三年行动计划（2021—2023 年)》（以下简称《行动计划》)，其中明确提出要发展新型数据中心。

新型数据中心是以支撑经济社会数字转型、智能升级、融合创新为导向，以 5G、工业互联网、云计算、人工智能等应用需求为牵引，汇聚多元数据资源，运用绿色低碳技术，具备安全可靠能力，提供高效算力服务，赋能千行百业应用，与网络、云计算融合发展的新型基础设施。与传统数据中心相比，新型数据中心具有高技术、高算力、高能效、高安全等特征，在数字化日益普及的今日，新型数据中心无疑有着举足轻重的地位。

2020 年 3 月，中共中央政治局常务委员会召开会议提出"加快 5G 网络、数据中心等新型基础设施建设进度"。国家"十四五"规划纲要从现代化、数字化、绿色化方面对新型基础设施建设提出了指导方针，党中央、国务院关于碳达峰、碳中和的战略决策又对信息通信业数字化和绿色化协同发展提出了更高要求。

对标党中央、国务院的部署要求，当前我国数据中心还面临布局建设不优、算力算效不足、能源利用不充分、技术水平不高等问题，迫切需要引导传统数据中心向具备高技术、高算力、高能效、高安全特征的新型数据中心演进。工信部出台《行动计划》，切实贯彻落实国家战略部署，统筹引导新型数据中心建设，推动解决现阶段短板问题，打造数据中心高质量发展新格局，构建以新型数据中心为核心的智能算力生态体系。

《行动计划》以 2021 年和 2023 年两个时间节点提出了分阶段发展量化指标，引导传统数据中心向新型数据中心演进。《行动计划》强化了新型数据中心利用率、算力规模、能效水平、网络时延等反映数据中心高质量发展的指标，弱化了反映体量的数据中心规模指标。

计划到 2023 年底，利用率方面，全国数据中心平均利用率力争提升到 60% 以上；算力规模方面，总算力规模超过 200 EFLOPS，高性能算力占比达到 10%；能效水平方面，新建大型及以上数据中心 PUE 降低到 1.3 以下，严寒和寒冷地区力争降低到 1.25 以下；网络时延方面，国家枢纽节点（全称为全国一体化算力网络国家枢纽节点）内数据中心端到端网络单向时延原则上小于 20ms。

《行动计划》统筹考虑国家重大区域发展战略，根据能源结构、产业布局、市场发展、气候环境等要素，对国家枢纽节点、省内数据中心、边缘数据中心、老旧数据中心以及海外数据中心进行分类引

导,着力推动形成数据中心梯次布局:

- 一是加快建设国家枢纽节点。推动京津冀等 8 个国家枢纽节点加快新型数据中心集群建设进度,满足全国不同类型算力需求。
- 二是按需建设各省新型数据中心。提高存量数据中心利用率,打造具有地方特色、服务本地的算力服务。
- 三是灵活部署边缘数据中心。构建城市内的边缘算力供给体系,满足极低时延的新型业务应用需求。
- 四是加速改造升级"老旧小散"数据中心。提高"老旧小散"数据中心能源利用效率和算力供给能力。
- 五是逐步布局海外新型数据中心。支持我国数据中心产业链上下游企业"走出去",重点在"一带一路"沿线国家布局海外新型数据中心。
- 六是加快云边协同发展。通过打造新型数据中心集群示范、开展边缘数据中心应用标杆评选、发布《云边协同建设应用指南》等举措,推动边缘数据中心与数据中心集群协同发展。

《行动计划》提出了"网络质量升级行动",推动升级网络质量,促进数网协同发展。重点聚焦国家、区域、边缘各级网络关键环节,着重推动网络质量提升:

- 一是持续优化国家互联网骨干直连点布局,推进东西部地区数据中心网络架构和流量疏导路径优化,支撑"东数西算"工程。
- 二是支持国家枢纽节点内的新型数据中心集群间网络直连,促进跨网、跨地区、跨企业数据交互。
- 三是推动边缘数据中心间及其与新型数据中心集群间的组网互

联,促进云、数、网协同发展。
- 四是促进数网协同发展,通过建立数网协同联动机制、完善数据中心网络监测体系、发布网络质量监测报告等具体举措,持续推动数据中心网络需求和供给有效对接,不断提升数据中心网络支撑能力。

《行动计划》着重引导新型数据中心走高效、清洁、集约、循环的绿色低碳发展道路。

- 一是加快先进绿色技术产品应用。推动绿色数据中心创建、运维和改造,鼓励应用高效IT设备、制冷系统、供配电系统、辅助系统技术产品,加强动力电池梯次利用产品推广应用。
- 二是持续提升高效清洁能源利用水平。引导新型数据中心向新能源发电侧建设,就地消纳新能源,推动新型数据中心持续优化用能结构,建立健全绿色低碳数据中心标准体系,持续开展绿色低碳数据中心等级评估。
- 三是优化绿色管理能力。推动企业深化新型数据中心绿色设计、施工、采购与运营管理,全面提高资源利用效率,支持对高耗低效的数据中心加快整合与改造。

3.4 人工智能

3.4.1 无处不在的人工智能

1. 智能助理

目前每部智能手机上都有智能助理应用。苹果公司2011年就发布了 iOS 语音助理 Siri；2012 年，谷歌发布了 Google Now；2014 年，亚马逊发布了基于 Alexa 平台，可以和用户聊音乐的智能音箱 Echo；2015 年，百度发布了集成个人搜索助理和智能聊天功能的度秘；2016 年，谷歌发布了智能聊天程序 Google Allo；2017 年，百度推出了基于自然语言对话的操作系统 Duer OS；除此之外，还有小米推出的小爱同学、华为的小 E、vivo 的 Jovi、OPPO 的 Breeno 等数不胜数的智能助理。

几乎可以肯定地说，只要用智能手机，智能助理必然在我们身边。我们可以很自然地用语音要求智能助理帮我们导航、订餐、记录提醒事项、播放音乐、查联系人、查股票信息、查天气、开空调、打开电视并换台等事情。

2. 新闻撰稿

用手机看热点新闻是许多人每天都做的事。很多新闻内容，是人工智能程序自动撰写的。比如，今日头条人工智能实验室与北京大学联合研发的写稿机器人 xiaomingbot。

里约奥运会期间，通过对接奥组委的数据库信息，xiaomingbot 曾写过 200 余篇赛事报道，包括乒乓球、网球、羽毛球和女足等比赛，累计有 200 万用户阅读。它撰写的文章可以涵盖比赛时间、实时比分、运动员信息等主要新闻要素，可读性与职业记者写的文章相差无几。

今日头条写稿机器人 xiaomingbot 实现了很多功能：

- 写稿速度更快。xiaomingbot 的撰写发布速度几乎与电视直播同步，从数据库对接、信息搜集、文本生成、润色完成报道，到最后发布、推送到今日头条手机客户端，只需用时两秒。
- 拟人化程度更高。根据比赛选手的排名、赛前预测与实际比赛结果的差异、比分悬殊程度等情况，xiaomingbot可以自动调整生成新闻的语气，并使用带感情色彩的词语。
- 发布稿件类型多样。xiaomingbot不仅可以发布赛事消息的短讯，还可以生成整场比赛的赛事简报类长文章。
- 图片识别筛选。xiaomingbot可以通过语言理解与图像识别，在数据库中自动选取并在文章中插入赛事图片，让稿件图文并茂，更加生动形象。

根据今日头条统计，xiaomingbot文章的阅读率与人类创作者的文章的阅读率基本持平。

3. 机器视觉

人脸识别几乎是目前应用最广泛的一种机器视觉技术，近年来，随着深度学习技术的发展，人工智能程序对人脸识别的准确率已经超过了人类的平均水平。人脸识别也被应用在各领域，比如许多应用程序在需要验证业务办理人的身份时，会打开手机的前置摄像头，要求留下面部的实时影像，而智能人脸识别程序会在后台完成身份比对和活体检测。人脸识别的应用场景几乎在生活中随处可见（手机解锁、刷脸取钱、刷脸结账、人脸识别门锁、人脸识别闸机等），已经渗透至生活的各个方面。

4. 绘画与P图

一款名为Prisma的手机绘画程序可以根据用户指定的一张照片，将照片变成特定风格的画作。它可以使用各种油画、水彩画乃至漫画技法进行创作，创作出多达二十几种不同画风的作品。

美图秀秀也拥有类似的手绘自拍功能。手绘自拍功能可以将自己的形象变成漫画形象。该功能获得大批年轻人的喜爱和追捧，这背后支撑的技术就是人工智能。

5. 搜索引擎

谷歌、百度早就开始用机器学习技术帮助搜索引擎完成结果排序。网页排序的规则并不完全是由人预先定义的，是在大数据的基础上，通过复杂的迭代过程自动学习生成的。

随着人工智能技术在语音识别、自然语言理解、知识图谱、个性化推荐、网页排序等领域的进步，谷歌、百度等主流搜索引擎早就从单纯的网页搜索和网页导航工具，转变成为世界上最大的知识引擎和个人助理了，百度的"小度"就是充分的证明。

6. 机器翻译

百度翻译、网易有道翻译、搜狗翻译等工具层出不穷，只要有一部手机，两种语言之间就可以随意转换，其翻译准确率惊人，人工智能在这里功不可没。

随着机器翻译准确率的提升，机器翻译也被应用到特定的场景中，为专利行业内的审查员、代理师、翻译员等提供语言翻译支持。专利文献记载了90%以上的科技创造成果，然而各国专利文献的语言种类繁多，这给阅读带来巨大困难。机器翻译的应用可大幅节约人员成本和时间成本，提高翻译精准度和翻译效率。

7. 机器人

机器人是人工智能的重要领域。工业机器人早就开始在制造业中发挥作用。在主流的汽车生产线和富士康的手机生产线中，工业机器人的身影随处可见。

在物流领域，机器人早就代替人类在电商的库房中进行商品摆放、整理、出库、入库等操作。快递行业也开始尝试用智能无人机、物流小车完成快递流程的"最后一公里"。

这些在生活、工作中大量出现的场景，充分说明了人工智能早就融入我们的生活和工作，与我们密不可分。

3.4.2 典型的人工智能应用场景

2017年7月，在《新一代人工智能发展规划》中，国家提出"加快推进产业智能化升级。推动人工智能与各行业融合创新，在制造、农业、物流、金融、商务、家居等重点行业和领域开展人工智能应用试点示范，推动人工智能规模化应用，全面提升产业发展智能化水平"的目标。人工智能技术已经渗透到中国的各行各业，发挥中国优势，实现创新发展。

1. AI+ 驾驶

上海迪士尼乐园用无人驾驶清扫车执行日常清洁工作，无人驾驶清扫车可以在完全没有人工参与的情况下完成路面清扫、垃圾倾倒、自动泊车等工作。它能够弥补夜间清扫人力的不足，一辆无人驾驶清扫车能够代替 10～20 名清洁工工作。相较传统清扫模式，无人驾驶清扫车使清扫车利用率较原先提升 2～3 倍，清扫效果上更是能实现误差不超过 5cm 的长距离精准贴边清扫。

近年来，自动驾驶技术不断取得突破，L2 级甚至 L3 级的自动驾驶系统已经在一些车企的量产车中使用，预计该行业将在不久的将来迎来爆发式发展。人工智能技术和汽车的智能化升级结合得越来越紧密，人工智能的发展为汽车行业的变革带来了更具想象力的未来。当汽车不再需要司机的时候，未来大多数汽车可以用共享模式，随叫随到。这些车辆可以保证 24 小时待命，可以在任何时间、任何地点提供高质量的租用服务。

2021 年 8 月 18 日，百度与央视新闻联合举办"AI 这时代，星辰大海——百度世界 2021"大会。在大会上，百度创始人李彦宏首次提出了"汽车机器人概念"，并发布了百度"汽车机器人"。同时，百度还发布了无人车出行服务平台"萝卜快跑"，表示百度 Apollo 已经从技术验证阶段进入规模化商业运营阶段。

2021 年 11 月底，萝卜快跑已经在北京海淀、亦庄、石景山、通州、顺义五个区域面向公众开放出行服务。乘车费用参照网约车专车标准。乘客可以从手机应用商店下载萝卜快跑 APP，在 APP 上选择上下车地点，进行实名验证，就可以享受萝卜快跑的自动驾驶服务。萝卜快跑计划至 2023 年底将自动驾驶出行服务开放至 30 个城市，部署至少 3000 辆自动驾驶汽车，为 300 万用户提供服务。到 2025 年将业务扩展到 65 个城市，到 2030 年扩展到 100 个城市。

随着自动驾驶技术的快速发展，在不远的未来，整个城市的交通情况会发生翻天覆地的变化。共享汽车的使用率会接近100%，城市里需要的汽车总量则会大幅减少。需要停放的共享汽车数量不多，停车难、大堵车等现象会因为自动驾驶共享汽车的出现而得到真正的解决。

伴随着5G的普及、物联网的发展、智慧城市的建设，汽车和汽车之间可以真正通过"车联网"连接起来，完成许多人工驾驶不可能完成的工作。未来的道路也会按照自动驾驶汽车的要求来重新设计，专用于自动驾驶的车道可以变得更窄，交通信号可以更容易被自动驾驶汽车识别。

自动驾驶将对产业结构、经济格局带来深远的影响。

2. AI+ 金融

人工智能的发展之所以能在近年来突飞猛进，主要得益于深度学习算法的成功应用和大数据打下的坚实基础。判断人工智能技术能在哪个行业最先引起革命性的变革，除了要看这个行业对自动化、智能化的内在需求外，主要还要看这个行业内的数据积累、数据流转、数据存储和数据更新是否达到深度学习算法对大数据的要求，金融行业恰恰满足了这个特征。

近年来，许多金融机构都不约而同地选择将人工智能技术应用于实践，与自己的业务相结合。无论是在银行、证券公司、保险公司，还是在信托公司或者基金公司，都能看到人工智能的身影。

AI的运用最先在量化交易、智能客服等技术成熟领域中取得突破。在投资领域，人工智能的典型应用包括量化投资和智能投资顾问等。投资选股的过程其实就是一个根据多种因素做决策的过程，人工智能就常被用来解决这类问题，利用机器学习的方法来辅助选股。

人工智能应用到金融行业，给金融行业带来了三个方面的改变。

首先，大幅改进了金融服务的效率。过去，金融服务在相当程度上是劳动力密集型的。以信用卡领域为例，过去，前端业务人员经常会采用"人海战术"，但随着越来越多的金融科技公司的参与，AI可以从过去的金融数据中找出不同信用卡所匹配的用户画像，进行精准推送。得益于AI的"加盟"，如今很多信用卡的审核时间缩短至分钟级甚至秒级，极大地释放了人力。

其次，大幅拓宽了金融服务的范围。过去，限于成本和风险控制能力，很多相关的金融业务无法得到充分发展。例如，传统的金融服务机构，主要抓手是服务于少数优质用户，但对于金融体系中更为庞大的长尾用户，始终没有有效的对策。如今基于AI的深度学习能力，用户可随时随地拿出几百元投资，还可以有多种有趣的理财产品可选，技术向上延展，这已经变得非常容易实现。

最后，促使了金融监管方式的变化。人工智能的应用，让原本已经十分复杂的金融环境变得更为复杂，传统的监管模式已经难以适应现实需要，这也倒逼金融监管随之发生改变，让以人工智能为代表的"监管科技"（Regtech）越来越多地被应用到监管实践当中。

3. AI+ 医疗

人工智能对人类最有意义的帮助之一就是促进医疗科技的发展，

让机器、算法和大数据为人类自身的健康服务，让智慧医疗成为未来地球人抵御疾病、延长寿命的核心科技。

很多年前，人工智能技术就对药物的研发起过积极作用，帮助有机化学家根据物质光谱推断未知有机分子结构的程序，用于药物的化学成分分析和新药研制。人工智能系统还能阅读存储在专利数据库、医疗数据库、化学数据库中的专利、数据、技术资料，以及发表在医药学期刊上的论文，通过机器学习来寻找潜在的可用于制造新药的分子式或配方。

用 AI 来辅助疾病诊断，可以给经验不足的医生提供帮助，减少因为经验欠缺而造成的误诊。AI 也可以帮助医生提高判读医疗影像、病理化验结果的效率，让高明的医生可以在相同时间内给更多的病人提供服务。来自依图科技等企业的众多专家共同研发了一个 AI 系统，专门用于诊断儿科疾病，诊断结果可与初级保健儿科医生相比。该研究共分析了 1 362 559 名儿科患者就诊于某大型转诊中心的 10 160 万个数据点，并对 AI 系统进行了训练和验证。结果显示，从流感、哮喘到威胁生命的肺炎和脑膜炎，该系统的准确率始终与初级保健儿科医生相当，甚至有所超越：AI 程序诊断出呼吸道感染和鼻窦炎准确率为 95%，不常见的疾病的确诊率也很高[⊖]。

众所周知，医疗资源分布不均衡，欠发达地区医生数量不足，医生的水平与顶尖医生相差甚远。但因为 AI 的引入，让医疗资源欠缺地区的病人能够享受到一流的医疗服务。2019 年 4 月，在广东省人民医院与广东高州市人民医院就共同上演了一场"AI+5G 远程指导

⊖ 李开复、王咏刚著《人工智能》。

手术，为心脏病患者'补心'"的成功案例。高州市人民医院的心外手术室里，医生主刀进行心脏腔镜手术，而在相隔近 400 千米外的广东省人民医院，专家通过观看大屏幕上 5G 传输的实时超高清手术画面，对现场的手术进行远程指导。在这场手术前，医院就使用了自主研发的全自动 AI 去噪以及建模软件，一键完成建模，耗费时间从原来的 2～6 小时缩短至 2 分钟以内，并自动生成 3D 打印机可识别的 3D 数字心脏模型，可直接打印出 1∶1 实体心脏模型。

更重要的是，在 AI 的帮助下，顶尖的医生和科学家可以腾出时间，从事那些真正有挑战性的科学研究。比如，AI 可以节省医生们诊断癌症所花费的时间，提高癌症的早期诊断效果，降低癌症死亡率。这时，基础研究就可以向其他威胁人类生存的疾病倾斜，也可以有更多资源用于研究如何延长人类寿命。

人工智能硬件还能用于协助患者后续康复，如一种集自动化、机电、计算机、神经医学等不同学科交叉融合的科技产品——助力外骨骼。它通过人工智能相关技术，提供额外能量供给四肢运动，帮助截瘫患者站立和走动，让他们拥有更健康的生活方式。

4. AI+ 安防

人脸识别是人工智能发展较为成熟的应用领域。安防是目前人脸识别落地范围较广的行业。在安防领域，城市安装了人工智能摄像头，就可以帮助识别在逃人员，当它在一个大规模数据库中发现一张匹配的脸时，就会向距离最近的公安局发出警报，警察迅速到现场追捕罪犯，从而大幅提升警方破案效率。

2019年6月，四川警方使用AI技术成功找回了4名走失约10年的孩子。2008～2010年，10名3岁左右的孩子在四川被拐。仅有的线索是被拐孩子3岁左右时的照片，警方利用腾讯优图实验室跨年龄人脸识别技术先进行圈定，再进一步进行DNA亲子鉴定，最终找到了4名走失约10年的孩子。腾讯"优图天眼寻人解决方案"已协助福建警方找回1000多名失踪人员，数据检索能力的精准度已超99.80%，极大地减轻了警方寻人的压力。中国是世界上最安全的国家之一，近年来中国的犯罪率也持续走低，这都与AI技术的进步分不开。

随着计算机视觉（人脸识别、步态识别等）、机器学习、智能分析等AI技术逐渐成熟，智能化成为安防行业新的发展方向，人工智能也正在深刻地改造安防行业。智能安防在大部分人脸识别的应用场景中发挥了作用（如机场、车站、展会、出入境），也应用在智慧交通中，如车辆管理、车牌识别等，通过这些技术可以追踪车辆什么时候进入高速，什么时候驶出高速。智能安防还应用于视频监控，可以对人的行为和行踪进行跟踪等。人工智能已经成为我国社会治理的重要工具，在公安、交通、楼宇、工业、民用等领域保护着人民群众的安全。

近年来，各级城市的管理者都在积极利用数字信息技术和新的管理方法进行城市化建设，城市数字化成为其中不可或缺的基础平台，为打造"安全、稳定、高效"的社会和经济环境以及保障城市化建设的可持续性和健康平稳发展奠定了基础。

随着市场的需求和技术的演进，城市安防正朝着高清、移动、智能、融合的方向发展，而从实际应用来看，多级大联网、系统专业化、实战能力强、更加智能化也逐渐成为趋势。

3.4.3 可信人工智能发展将是未来最大的挑战

人工智能的高速发展带来了隐私和伦理的挑战，越来越多的国家和政府开始重视可信人工智能的发展。我国首本《可信人工智能白皮书》由中国信通院与京东探索研究院联合于 2021 年 7 月 9 日举办的世界人工智能大会的"可信 AI 论坛"上正式发布，为我国发展可信人工智能指明了方向。

可信人工智能的概念是在 2017 年 11 月香山科学会议第 S36 次学术研讨会上，由中国科学家何积丰院士最早提出，并且以可信人工智能为题探讨了当前技术上存在的难题，以及未来的技术路径。

在《可信人工智能白皮书》中，指出了目前人工智能应用中暴露出的一些风险隐患。

- **算法安全导致的应用风险**。以深度学习为核心的人工智能技术存在脆弱和易受攻击的缺陷，使得人工智能系统的可靠性难以得到足够的信任。
- **黑箱模型导致算法不透明**。深度学习具备高度复杂性和不确定性，从而容易引发不确定性风险。由于人们无法直观地理解决策背后的原因，人工智能与传统行业的进一步融合受到阻碍。
- **数据歧视导致智能决策偏见**。人工智能算法产生的结果会受到训练数据的影响，因此，如果训练数据中存在偏见歧视，算法会受到歧视数据的影响，并进一步固化数据中存在的偏见歧视，导致依托人工智能算法生成的智能决策形成偏见。
- **系统决策复杂导致责任事故主体难以界定**。人工智能的系统的自动化决策受众多因素影响，使得责任主体难以界定。对于自动驾驶、机器人等应用安全事故频发，法学专家表示，从现行法律上看人工智能本身还难以成为新的侵权责任主体，但人工智能的具体行为受程序控制，发生侵权时，到底是由所有者还是软件研发者担责，仍需进一步探讨。

- **数据滥用导致隐私泄露风险**。生物识别信息的频繁使用使得个人隐私数据泄露的可能性增大，数据一旦丢失会造成极大的安全风险。

这些是全世界共同面临的风险，因此发展可信人工智能已经成为全球共识。2019年6月，二十国集团（G20）提出"G20人工智能原则"，在其五项政府建议中明确提出的"促进公共和私人对人工智能研发的投资力度，以促进可信赖的人工智能（Trustworthy Artificial Intelligence）的创新；需创建一个策略环境，为部署值得信赖的人工智能系统开辟道路"已经成为国际社会普遍认同的人工智能发展原则。

《可信人工智能白皮书》在全面梳理人工智能伦理约束、规范立法及优秀实践的基础上，提出"可信人工智能框架"（如图3-3所示），作为落实人工智能治理要求的一整套方法论，围绕企业和行业的可信实践进行深入剖析，致力于在人工智能治理和产业实践之间搭建起连接的桥梁。

《可信人工智能白皮书》提出可信人工智能是落实人工智能治理的重要实践，所遵循的可信特征与人工智能伦理和相关法律法规等要求一脉相承，均将以人为本作为其要求。可信人工智能要深入到企业内部管理、研发、运营等环节，以及行业相关工作，将相关抽象要求转化为实践所需的具体能力要求，从而提升社会对人工智能的信任程度。

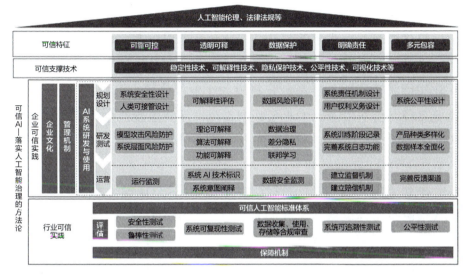

图 3-3 可信人工智能的总体框架

《可信人工智能白皮书》中提出人工智能治理原则已收敛在透明性、安全性、公平性、可问责、隐私保护等五个方面。这五项共识的核心理念是围绕如何构建多方可信的人工智能而细化提出，对于如何增强供需双方使用人工智能的信任，协助监管机构培育可信的健康产业生态提供了宝贵的指引。

3.5 工业互联网

3.5.1 工业互联网发展现状与前景

随着我国大力发展"新基建"，工业互联网作为新基建的重要领域之一，也迎来了大规模发展。工业互联网为工业制造业提供数字化、网络化根基，是实现产业数字化、网络化、智能化发展的重要基础设施。它将实现海量数据汇聚、整合、分析和处理，使新一代网络信息技术与制造业深度融合。工业互联网通过人、机、物的全面互联，以及全要素、全产业链、全价值链的全面链接，推动形成全新的工业生产制造和服务体系，它将成为工业经济转型升级的关键依托、重要途径、全新生态。工业互联网正在推动我国制造业转型升级，成为我国发展数字经济的重要推动力。

早在 2013 年，工信部就提出"两化融合"促使工业制造业与新一代信息技术深度融合，并颁布一系列政策推动工业互联网的发展。从工业大数据到工业 APP，从企业上云到工业互联网产业示范基地，中国已经形成较为完整的工业互联网顶层政策体系来指导产业发展。这几年来我国工业互联网发展态势良好，有力提升了产业融合创新水平，加快了制造业数字化转型步伐，推动了实体经济高质量发展。

中国工业互联网已经取得阶段性成效，但总体上仍处于发展的初期阶段，多个领域仍面临挑战，使得中国工业互联网的发展成为一场持久战：

- 商业化路径不明朗。目前我国工业互联网商业模式仍不够成熟，企业盈利手段较为单一。
- 中小企业规模化推广困难。目前我国工业互联网应用以大型企业为主，但中小企业发展基础较弱，自动化智能化改造成本高，意愿不强，融合应用普及率相对较低。
- 平台专业化服务能力不足。我国工业门类众多，流程型行业、离散型行业涉及工业专业知识范围广，而且壁垒高，工业互联网平台企业在更深入的数据模型建立、工业 APP 开发、制造服务支撑、产业生态构建方面能力仍不足。
- 工业核心技术还有差距。中国工业核心技术，如高端零部件、工业设计软件、工业控制系统等基础与工业强国相比有明显差距，容易被"卡脖子"。
- 信息化基础不同。行业采用私有化协议导致本身系统封闭程度较高，与外部网络的互联互通性差，一些行业由于本身保密程度较高，也较难采用第三方系统，无法纳入工业互联网框架。
- 工业互联网产业链仍需优化。工业互联网上下游环节复杂，功能界定及分工尚未完全明晰，一些重要的环节尚未完全发展，企业间存在竞合关系。部分企业"孤岛式"数字化转型，难以发挥工业互联网规模效应。

当然，工业互联网发展之路并不会因为这些挑战的存在而减缓，未来工业互联网将具备下列发展特征：

- 工业互联网平台将加快向细分垂直领域延伸。我国工业互联网已经得到较为广泛的应用和推广，未来在盈利模式多元化创新发展的趋势下，工业互联网也将加速向细分垂直领域延伸，深度解决行业发展的痛点与难点。
- 工业互联网与新技术的融合将持续加深。在5G、人工智能、区块链等技术的加速成熟和应用推广下，工业互联网将加快与新技术的融合发展，在数据设备安全、模型构建迭代、新型网络架构等方面不断创新，并涌现出新发展模式、应用场景。
- 工业互联网将成为产业升级的重要途径。工业互联网平台在整合企业数据、产业资源方面具备极大优势，未来在系统平台不断完善及网络架构全面覆盖的趋势下，将发挥其技术协同创

新、产业资源配置、信息聚合共享的能力，助力区域产业转型升级和高质量发展

3.5.2　工业互联网典型案例

随着工业互联网的深度发展，5G技术和工业互联网开始深度融合，工信部在2021年5月31日发布了《"5G+工业互联网"十个典型应用场景和五个重点行业实践》（以下简称为《行业实践》）。十大典型应用场景涉及协同研发、远程设备操控、设备协同作业、柔性生产制造、现场辅助装配、机器视觉质检、设备故障诊断、厂区智能物流、无人智能巡检、生产现场监测。五大重点行业涉及电子设备制造业、装备制造业、钢铁行业、采矿行业、电力行业。

2021年11月18日，工信部发布了《"5G+工业互联网"典型应用场景和重点行业实践（第二批）》，其中又新增了另外十大典型应用场景——生产单元模拟、精准动态作业、生产能效管控、工艺合规校验、生产过程溯源、设备预测维护、厂区智能理货、全域物流监测、虚拟现场服务、企业协同合作，以及另外五个重点行业——石化化工行业、建材行业、港口行业、纺织行业、家电行业。

这里主要介绍十大重点行业与其典型案例。

1. 电子设备制造业

电子设备制造业自动化水平高，数字化、网络化基础好，产品迭代速度快，有降低劳动力成本、减少物料库存、严控产品质量、快速

响应客户差异化要求等迫切需求，发展智能化制造、个性化定制、精益化管理等模式的潜力大。

一些企业利用 5G 技术积极实践柔性生产制造、现场辅助装配、机器视觉质检、厂区智能物流等典型应用场景，显著提高了生产制造效率，降低了生产成本，提升了系统柔性，为电子设备制造行业实现数字化转型进行了有益探索。

例如：海尔与中国移动合作，在山东省青岛市利用 5G 技术实现了精密工业装备的现场辅助装配场景的应用。青岛海尔家电工厂结合海尔卡奥斯工业互联网平台，打造基于 5G+MEC 的互联工厂，开展了基于 AR 眼镜的 5G 远程辅助装配，工人通过佩戴 AR 眼镜采集关键工业装备的现场视频，同时从后台系统调取产品安装指导推送到 AR 眼镜上，实现了一边查阅操作指导一边装配的目的。当工人发现无法自行解决问题时，还可以通过 5G 网络联系远程专家，实现实时远程指导。另外，通过将算力部署在 MEC 侧，降低了 AR 眼镜算力要求与眼镜重量，实现数据的本地计算，保障视频数据不出园区，一方面解决了以往 Wi-Fi 连接信号不稳定、晕眩感和 AR 眼镜偏重等困扰，另一方面也节省了维修时间和成本。

2. 装备制造业

装备制造业涉及航空制造、船舶制造、汽车制造与工程机械制造等重要领域，其产品结构高度复杂、体型偏大，具有技术要求高、生产安全标准严格、资本投入大、劳动力密集等行业特点，对成品件、结构件、化工材料、工艺辅料和标准件等百万量级生产资源的协同设计和泛在感知需求较高，而且面临"用工荒、高成本"的困境，需要更加精密的装配加工能力以及质量检测手段支撑企业长期发展，发展数字化研发、网络化协同、智能化制造、精益化管理等模式的潜力大。

一些企业应用 5G 技术积极探索协同研发设计、设备协同作业、现场辅助装配、机器视觉质检、厂区智能物流等典型应用场景，取得了明显成效，为装备制造行业的高速发展注入新动力。

例如：中国商飞与中国联通合作，在上海浦东新区开展了"5G+工业互联网赋能大飞机智能制造"项目建设，搭建了 5 座宏基站和 150 余套室分小站，实现了协同研发设计与现场辅助装配场景的应用。在协同研发设计方面，商飞基于 5G 网络服务，通过 AR/VR 数据实时上传，支持产品研发实验阶段的跨地区实时在线协同与远程诊断，有效提升了研发设计环节的协同问题定位和快速研发迭代能力，压缩研发实验成本达到 30%。通过 AR/VR 提供的可视化、云化数据共享能力，整合研发资源，借助设计软件实现多地远程协同设计和改装，有效解决研发过程中问题处理节奏慢、跨地域联合研发信息共享不及时的问题，充分提高了企业的研发效率，破除了信息壁垒，缩短了 20% 的设计周期。在现场辅助装配方面，商飞在装配车间中存在大量飞机线缆连接器装配工作的工位，通过引入 5G+AR 辅助装配系统，工人利用 AR 虚拟信息实现虚实叠加，根据显示的指导画面完成装配操作。通过 5G 高速率和低时延特性，让工人准确、快速地对线缆连接器进行查找和装配，并保障数据的有效性，解决了传统人工作业效率低、容易出错等问题，显著提高装配效率达 30%，每工位所需装配人员由 2 人减少为 1 人。

3. 钢铁行业

钢铁行业主要包括铁前、炼钢、铸钢、轧钢、仓储物流等环节，该行业生产流程长、生产工艺复杂，当前主要面临设备维护效率低、生产过程不透明、下游需求碎片化、绿色生产压力大等痛点，发展智能化制造、精益化管理等模式的潜力大。

一些企业应用5G技术积极探索远程设备操控、机器视觉质检、设备故障诊断、生产现场监测等典型应用场景，覆盖钢铁生产全流程，取得了提质降本增效、绿色发展的显著效果，推动了产业升级及行业转型。

例如：鞍钢与中国移动合作，在辽宁省开展了"基于5G的机器视觉带钢表面检测平台研发与应用"项目建设，实现了机器视觉质检与生产现场监测场景的应用。在机器视觉质检方面，通过部署工业相机拍摄高清图片、采集质检数据，利用5G网络将采集到的冷轧现场4K/8K等高清图像数据回传至操作室平台，通过平台的视觉AI分析能力对图像进行处理分析，完成带钢表面缺陷的实时检测；同时，带钢轧制速度极高，通过带钢表面的反光斑马条纹反馈带钢的平整度，进行带钢生产质量的实时检测，为张力辊等调节提供依据。方案部署完成后，带钢常规缺陷检出率达95%以上，在线综合缺陷分类率超过90%，提高成材率的同时减少了带钢缺陷造成的断带和伤辊、换辊停机时间。在生产现场监测方面，炼铁厂皮带通廊粉尘大、光线昏暗、过道狭窄，人员作业危险性高，存在严重安全隐患。通过在皮带通廊部署4K高清摄像监控系统，覆盖皮带通廊出入口与皮带作业重点区域，利用5G网络实时回传人员目标及动作、环境、原料、皮带检测等信息至云平台，实现人员作业安全检测、作业调度信息化、施工作业的安全管理，以及环境中可能出现的跑气、冒水、漏液等情况检测，保障现场工作人员的安全。通过对现场采集图片的分析，检测准确率达 99.99% 以上。同时对摄像头进行单独分析，判断摄像头是否覆盖大量粉尘，进而及时进行镜头清理，每年可节省皮带维修费约 100 万元。

4. 采矿行业

安全生产是采矿行业的红线。露天矿常因矿山石坠落造成人员伤亡，多层重叠采空区也常出现塌方、滑坡、瓦斯爆炸、冲击地压等事故，而井工矿存在高温、高湿、粉尘等恶劣的工作环境，工人长时间高强度井下作业对健康造成较大威胁，发展智能化制造、网络化协同、精益化管理等模式的潜力大。

一些企业利用 5G 技术积极实践远程设备操控、设备协同作业、无人智能巡检、生产现场监测等典型应用场景，成效显著。

例如：新元煤矿与中国移动合作，在山西省开通 5G 煤矿井下网络，建成井下"超千兆上行"煤矿 5G 专用网络，实现了远程设备操控场景的应用，取得 5G 网络设备隔爆认证。5G 技术实现了对掘进机、挖煤机、液压支架等综采设备的实时远程操控，实现了对爆破全过程的高清监测与控制，解决了传统人工作业操作危险系数大、劳动强度高的问题，改善了一线工人的工作环境，大幅降低了安全风险，显著提升了采掘效率。利用 5G 技术实现综采面无人操作，解决了井下设备运行过程中线缆维护量大、信号经常缺失等问题，有效降低危险作业区域安全事故发生率。

5. 电力行业

电力行业主要涉及发电、输电、变电、配电、用电五个环节，存在安全管理困难大、环保要求高、信息孤岛、设备实时监管难、精细化管理难等痛点，面临向"清洁、低碳、高效、安全、智能"的转型挑战，发展智能化制造、精益化管理等模式的潜力大。

一些企业利用 5G 技术实践在发电环节的现场辅助装配、输电环节的无人智能巡检、配电环节的设备故障诊断、用电环节的生产现场监测等典型应用场景，取得了明显成效。

例如：国家电网与中国电信合作，在山东省青岛市开展"5G+北斗智能巡检无人机"项目建设，实现了无人智能巡检场景的应用。项目新建 5G 独立组网（SA）网络，完成了 5G SA 专网的图传模块的研发，引入北斗服务，实现无人机巡检数据安全、实时、可靠回传。解决了传统输变线路巡检耗时长、耗人多、工作环境恶劣的问题，改善一线工人的工作环境，大幅降低安全风险。同时，采用图像智能识别技术，实现无人机自主巡检、图像实时传输、缺陷智能识别、辅助决策输出等功能，解决了无人机巡检操作难、回传难、分析难的问题，大尺寸缺陷识别准确率达 99%，小尺寸识别准确率达 40%，工作效率提升百倍以上。

6. 石化化工行业

石化化工行业重点包括石油、煤炭及其他燃料加工业，以及化学原料和化学制品制造业等相关行业，具有技术密集，规模效益明显，产品多样，以及产生的危险废物量大、种类多、成分复杂等特点。

一些企业将5G技术广泛应用于生产单元模拟、生产能效管控、设备预测维护、全域物流监测等场景，显著提高了企业的生产效率，优化了生产要素配置，提升了企业安全管理水平，为行业的数字化转型起到了积极促进作用。

例如：广东新华粤石化股份有限公司与中国电信合作，开展了"能耗在线监测"项目建设，实现了生产能效管控场景的应用。利用水表、电表、蒸汽测量仪、风速表、冷热计量表等计量设备采集企业水、电、汽、风、热等能源消耗数据，通过5G网络传输至企业综合能源管理平台，并按时按需上传到广东省能耗在线监管平台，采集频率从分钟级提升到了秒级，显著提升了数据采集的效率。综合能源管理平台可实时监测电流、电压、冷热量计量等运行参数，通过用电趋势分析、用电异常监测、用热对比分析等方法，实时掌握能耗状况。基于大数据分析技术挖掘风机、泵等耗能重点设备的节能空间，进行节能改造，实现精准控制，减少无效运行时间，提高了生产能耗信息化管理水平，降低了生产成本。

7. 建材行业

建材行业主要指非金属矿物制品业中相关门类，其产业多、地域广，主要产品生产具有连续、流程化和能源资源消耗大等特征。为了实现高质量发展，企业需要降低生产成本、提高生产经营效率、节约资源，发展智能化制造、服务化延伸、数字化管理等模式的潜力大。

一些企业利用5G技术开展生产单元模拟、厂区智能理货、生产过程溯源、精准动态作业等典型应用场景的实践，确保产品质量稳定，明显提升了生产效率。

例如：福建良瓷科技有限公司与中国电信合作，开展了"九牧永春5G智慧工厂"项目建设，实现了生产过程溯源场景的应用。自主研发标准化四码合一系统，并对卫浴陶瓷在成型、干燥、施釉、烧成、质检、包装等生产环节/设备进行5G智能化改造。利用5G+MEC+天翼云实现云网融合，采集生产物料的一物一码、生产原料批次及过程信息等数据，实时传输至云平台，形成完整的生产过程数据链。同时，集成MES、数据采集与监视控制系统（SCADA）、自动导航车辆（AGV）系统、仓库管理系统（WMS）等多个系统，可追溯到生产过程中的人、机、料、法、环等相关信息，极大地提高了生产异常等情况的追溯效率及追溯准确性。该项目上线后，生产效率提升35%，单位产值能耗降低7%，运营成本降低8%，不良成本率降低5%。

8. 港口行业

港口行业指水上运输业，具有投资规模较大、资本密集、人力需求量大、机械化设备多等特点。随着港口业务量不断增长，港口行业对提升港口综合作业效率、保障安全生产、降低人工成本等方面有了新的诉求，发展智能化制造、数字化管理等模式的潜力大。

一些港口利用5G技术积极实践生产单元模拟、生产能效管控、精准动态作业、厂区智能理货等典型应用场景，提高了港口作业效率，降低了人工成本，取得了明显成效。

例如：招商港口与中国移动合作，开展了"5G妈湾智慧港口"项目建设，实现了生产单元模拟场景的应用。通过采集港口集卡、岸桥、场桥、船舶和集装箱等时空数据，搭建码头全要素场景平台和

1∶1 数字孪生体，利用 5G 网络实现虚拟世界与物理世界的同步感知，以及运行规律和物理属性的同步更新。采用数字孪生、北斗定位等技术建立港口生产管理的模拟仿真系统，通过预演未来作业，帮助码头在生产作业开始前对生产计划进行验证和评估；通过对接现场设备定位系统，实时获取、动态展示设备当前位置，对生产设备运行及作业执行情况进行全局把控；通过回放历史作业，分析和诊断生产作业过程中出现的问题，为算法调优、指令调度提供依据。通过对港口生产进行预演、实操和复盘，实现了妈湾智慧港生产最优化。项目运行后，港口综合作业效率提升 30% 以上。

9. 纺织行业

纺织行业重点包括纺织业、纺织服装/服饰业、化学纤维制造业等相关行业，具有产业链长、市场变化快、集群化发展特征明显、产品个性化需求不断增长等特点。当前纺织行业在增强科技创新能力、适应个性化消费趋势、产业绿色转型等方面存在迫切需求，发展智能化制造、服务化延伸、网络化协同、数字化管理等模式的潜力大。

一些企业利用 5G 技术开展了生产单元模拟、工艺合规校验、生产过程溯源、企业协同合作等典型场景的实践，极大提高了行业的数字化水平。

例如：雅戈尔服装制造有限公司与中国联通合作，开展了"5G+数字孪生"项目建设，实现了生产单元模拟场景的应用。基于数字孪生技术，在地理信息、物理信息、运行逻辑上 1∶1 虚拟还原了雅戈尔西服工厂，通过数采模块对缝纫机实时数据（如缝纫机的启停、速度、故障等）、AGV 状态信息（位置、速度、配送物料等）以及巡检机器人的位置和检测结果等进行采集，利用5G网络上传至数字孪生系统。通过系统对生产现场，特别是移动设备实时生产运行状态的监测、分析和报警，能够直观、可视化地远程掌握工厂生产、物流、设备等全局信息，解决了传统系统因信息抽象、点状、断点而导致的决策滞后和工厂异常处理不及时等问题，提高了工厂管理层的决策效率及车间层的执行效率，生产效率提升25%，订单交付周期缩短10%。

10. 家电行业

家电行业重点指电气机械和器材制造业中相关门类，具有市场规模大、产品型号规格多、产品更新换代快、竞争压力和成本压力较大等特点，存在提升生产效率、适应消费升级趋势、增强行业竞争力等迫切需求，发展智能化制造、数字化管理、服务化延伸等模式的潜力大。

一些企业应用5G技术积极探索生产单元模拟、精准动态作业、虚拟现场服务等典型应用场景，显著提升企业数字化、智能化水平，推动企业生产模式和产业组织方式创新，实现提质降本增效，提升企业竞争力。

例如：杭州老板电器股份有限公司与中国移动合作，开展"老板电器5G无人工厂"项目建设，实现了生产单元模拟场景的应用。通过5G工业网关实时上传海量生产数据、设备状态数据，实现对厂房内工艺流程和布局的数字化建模，利用5G网络实时呈现车间内12条产线生产状态和65辆AGV位置信息。当产量即将低于标准值或影响其他生产环节时，平台可自动定位异常设备，进行弹窗预警，实现资源协同。通过数字孪生平台，实时掌握物流效率、设备负荷、瓶颈节点等关键信息，有效提升了生产效率和自动化水平。

第 4 章 Chapter 4

产业数字化实践

《中国产业数字化报告 2020》指出，产业数字化是指在新一代数字科技支撑和引领下，以数据为关键要素，以价值释放为核心，以数据赋能为主线，对产业链上下游的全要素数字化升级、转型和再造的过程。

《中华人民共和国国民经济发展第十四个五年规划和 2035 年远景目标纲要》中，"加快数字化发展 建设数字中国"单独成篇，提出"充分发挥海量数据和丰富应用场景优势，促进数字技术与实体经济深度融合，赋能传统产业转型升级，催生新产业新业态新模式，壮大经济发展新引擎"。这为数字中国的下一步发展指明了方向，提供了指引。

实践证明，数字经济与实体经济各领域的深度融合所带来的生产效率提升以及生产模式改变，成为产业转型升级的重要驱动力。数字经济的价值已经从提高交易效率转换至提升产业效率，促进产业数字化转型。随着信息技术普及和互联网持续发展，信息化与经济社会的融合程度不断加深，产业数字化与数字产业化，数字高效化与数据要素化正成为经济转型的重要方向[⊖]。

我国在数字基础设施建设方面的巨大成果以及数字经济的蓬勃发展，为产业数字化提供了坚实的基础。很多企业已经根据产业发展趋势、市场竞争态势及自身特点，制定了明确的数字化转型战略并持续推进相关工作的开展。在数字化转型的实践中，企业或组织都在解决一个个难题和挑战后，使得自身能力得以全面提升而且也从实践中沉淀了宝贵的经验与知识。在本章我们非常荣幸能够对多位数字化转型的成功实践者进行访谈，通过他们的分享为广大的读者提供有益的借鉴与指导，在此也感谢《哈佛商业评论》与我们共同完成对部分访谈案例的整理。

4.1 医疗行业

人民健康是一个国家发展水平的重要标志，自新中国成立以来，我国的人均预期寿命从35岁提高到77岁，婴儿死亡率由200‰下降到6.1‰，主要健康指标优于中高收入国家水平。我国医疗卫生系统的服务能力也在持续发展，从让民众能够有更好的医疗服务获取性、不断降低的看病就医负担，到有强大的防控体系、对各类传染性疾病可以很好地控制，以及医疗服务能力提升不断攻克各类疑难杂症。这

⊖ "产业数字化是经济转型重要方向"，可见 http://www.sasac.gov.cn/n2588025/n2588134/c19248815/content.html。

背后体现的是我国医疗体系的不断完善，医疗保险、医疗服务、医药供给以及配套的健康卫生体系协同发展。

经过多年的实践和探索，我国逐步建立起全民医疗保障制度，不断提升群众的医保获得感，推进优质医疗资源成为市场主体，提升医务人员和医疗服务人员的价值，同时完善分级诊疗制度，扩大医疗服务的覆盖范围。通过医保改革，实现聚合管理、统筹基金支付，有效引导医疗资源合理配置，规范医患双方诊疗行为，同时推进了药品、医用耗材、医疗服务项目的目录确定、价格管理，不断扩展医保范围的用药供应，降低患者的开销。这背后医保系统的信息化建设起了很大作用。通过医疗服务各个环节的连接，医保汇集了核心的民生信息，包括参保人的基本信息、医疗机构、药店等医疗服务数据。随着全民医保覆盖范围扩大，医保支付系统已经成为医保信息化的核心系统。医保卡作为民众享受医疗服务和医疗保障的必备载体，从预约挂号、缴费，到出院结算，这里面都会与医保系统发生信息交互。医保卡也逐步取代了各个医院的就诊卡，实现患者一卡对接各类医疗系统。为了规范医疗服务行为，控制医疗费用不合理增长，推动医院精细化管理，倒逼医院合理利用医疗资源，医保在支付改革领域推行DRG（疾病诊断相关分组付费）和DIP（病种分值付费）两种结算方式。DRG付费模式依赖专家对疾病进行分组，人为分组归并，分组组数一般在1000以内；DIP模式则基于大数据理论和经济学原理，通过真实世界的海量病案数据，发现治疗与疾病之间的关联和内在规律，提取数据特征进行组合，并将区域内每一病种疾病与治疗资源消耗的均值与全样本资源消耗均值进行比对，形成DIP分值和目录，分组组数一般在10 000项以上。截至2021年3月底，已经有30个

DRG 试点和 71 个 DIP 试点城市，虽然具体的效果还有待市场检验，但是这已充分体现医保在支付模式设计上的数字化探索。

为了进一步提升医保面向公众的服务能力，各地也启动了医保云建设，提升参保人员办事便利度，如线上办理异地就医、医保报销、关系转移等各类医保业务。医保信息作为重要的大数据资源，不仅为医保部门调整政策提供数据支撑，同时利用核心业务数据集中的有利条件，可以加强医保业务风险监控，杜绝一些非法事件的发生，比如骗保、购买药品过程中违法乱纪的行为等。通过数据服务能力，在线与外部机构对接可以更好地服务患者，如与商业保险对接，实现医院、医保、商保三者的信息交互，实现患者在医院端的"一站式"办理，给患者带来更方便的体验。通过与大病医疗保险、医疗救助相联动，更好地将医保兼顾社会的效率和公平的指导思想落地。

医院是民众享受医疗服务的主要场所，也是医疗信息化的主要场景。医院数字化建设是一个逐步发展的过程，从面向医院运行，围绕业务流程、费用管理等环节的以 HIS（医院信息系统）建设为代表的信息化阶段，逐步推进到面向临床管理的以 CIS（临床信息系统）为代表的发展阶段。通过对诊疗环节的覆盖，信息互联互通，将临床、服务和管理协同发展，提升医院整体医疗服务水平。建立医院临床数据中心（CDR），通过患者 360° 全景视图，医生可以及时且方便地调阅患者的全周期诊疗信息，帮助医生更加全面地了解患者病情。人工智能技术与医学知识库相结合，形成智能临床辅助决策体系，医生可以更加高效地给出精准且优质的治疗方案，这也是智慧医疗建设的重点方向。

疫情的突发进一步推进数字医疗的建设。医院作为诊疗的场所，有大量患者聚集，很容易成为疫情传播的风险点。为了更好地服务患者，减少人员聚集，各种措施和数字化技术被引入。一方面，医院将互联网作为其服务延伸的手段，很多患者第一次在医院诊疗后，可以通过网络直接向医生咨询进行复诊，确保治疗的延续性。另一方面，通过医疗信息系统的互联互通以及远程医疗、医联体的建设，围绕患者的医疗需求，构建上下贯通的医疗服务体系，使得患者在医联体内部合理流动，减少患者在大医院的聚集。随着远程诊疗的规模化，互联网医疗作为独立的服务形态也逐渐形成新的医疗模式，医疗服务机构可以向国家卫健委申请牌照，在有效监管下提供医疗服务，目前互联网医疗在康复护理以及慢病管理方面已经做出了一些积极实践。配套互联网医疗，医药电商也在快速发展，国家网售处方药的部分解禁，大大丰富了患者的用药选择，品类度和供应能力也比线下药店增强，让患者在享受电商方便的同时，获得优质优价的药品，降低慢病患者的负担，也从侧面推动了医药分家，破除了医院的以药养医模式。

医疗体系建设的参与方众多（医疗设备机构、医药供应机构、基础医疗机构、大型公立医院、线下和线上药店，医保局、卫健委、药监局等），医疗体系自身就是一个复杂的系统。围绕着医疗服务企业的运行、患者的医疗服务，数字化逐步从提高医疗质量、患者体验、运营精细化管理，发展到机制和模式的改革和创新，可以说数字化已经成为健康中国的必选项。

4.1.1 案例1：生产科研两手抓，打造智慧医疗

机构：北京大学第三医院

访谈嘉宾：计虹，信息管理与大数据中心主任

二十多年来，我一直在北京大学第三医院（简称北医三院）的IT部门从事医疗信息化的工作，全程参与了医院的信息化建设。北医三院在1998年开始建设HIS，我也在这个时候第一次走向信息化的岗位。在开展信息化建设初期，我们更多关注的是单个业务系统、单个数据库，相对业务应用比较局限，随之逐渐扩展到大规模的全院级系统。目前医院信息化已经渗入到所有的业务，而医、护、技、管、患体系是信息化应用的主要领域，这足以看出信息化在支撑服务、医疗和管理全流程中起着举足轻重的作用。如何运用管理方法与新技术结合，加强信息项目的可溯源管理，保证医院信息项目的高质量推进，为患者、社会、医院提供高效支撑平台显得尤为重要。

现在，医院的几乎每一个工作人员都在不同领域使用着相关系统，医生使用医生站、护士使用护士站、医技人员使用各种工作系统……北医三院有130多个业务系统，分别服务三类应用人群。第一类应用人群是患者，我们构建了40余个业务系统为公众人群提供所有的服务，患者在院外就开始使用系统了。第二类应用人群是为患者服务的医务人员，也就是我们所说的医护技（医生、护士和技师）。他们作为为临床患者做医疗诊治护理服务的团队，所使用的应用系统最多，总数达到了65个。第三类应用人群是内部人员，涉及行政人员、后勤人员、保卫人员等，他们也需要使用大量的系统来承担管理工作。

1. 细节入手，提质增效

从2014年底开始我们就进入了平台化阶段，例如建设集成平台

和数据中心。众多的业务系统相互间需要数据交互、业务协同，以前以点对点的方式来实现业务系统之间的交互，现在则基于平台通过消息的订阅分发来实现。例如病人的住院信息存储在 HIS 里，以前需要专门开发对接 HIS 的接口。现在我们基于 ESB（企业服务总线）技术构建了北医三院的集成平台，在这个集成平台上实现了应用系统的解耦，应用系统交互都基于消息的分发和订阅。如果患者办理住院手续，之后消息就会发到集成平台，平台就会把这个消息分发出去，相关系统（也就是消费方）从平台订阅（即获得）消息后产生业务联动。

2016 年推出的"互联网+医疗"应用，为患者打造线上服务，构建了包括微信、APP、企业号移动办公等多方式结合的移动应用。这实现了从家庭到医院、从窗口到床旁的全方位线上服务，简化了线下就诊流程，增强了公众人群的获得感，也实现了平台化互联互通和信息共享与交互。

针对数量庞大的外省病人就诊问题，2018 年我们利用互联网技术提供了线上咨询服务。没有这个服务的时候，外省病人就医要飞到北京，而且还要在挂号、就医等方面花费很长时间，交通成本和时间成本都很高。在使用线上咨询服务后，病人可以在网上问询，而医生会在 48 小时内给予回复。医生的资源是有限的，而且一个医生每天能够接受的挂号也是有限的，面对大量的就医需求，我们只能通过数字技术手段让有限的医生资源的价值最大化。2020 年又推出了医生在线复诊。医生可以在线对病人复诊问询并开出处方，药品快递到病人家里。即便病人不需要把药品快递到家，也可以在我们的自助机上取药方、取药，完全省却了找大夫的环节。另外我们打通了线上和线下的共享互联，如果线上某些病人是第一次就诊，单纯通过线上咨询解决不了问题，就可以直接约医生进行线下诊断。我们在自助体系里建设了 280 台自助机，可以提供几乎所有业务功能，只需要刷卡就可以完成挂号、打印检查单、缴费等多种操作。

北医三院每天的就诊量非常庞大，单日就诊量峰值约一万六七千人，因此长期出现严重的排队拥堵现象。我们为此专门推出了一站式服务，在线上就可以办理住院、膳食、出院、报告查询、病历复印等一系列手续，而且也可以线上查看自己的费用清单。线上云胶片服务的推出消除了患者在诊疗过程拎着胶片在不同科室间奔波的烦琐体验，放射影像可以在手机上直接调用。

自从疫情出现后，流调就成为一项非常重要的工作。鉴于北医三院的就诊量非常大，我们需要既保证就诊患者能及时完成流调，但也不会因此造成大量的拥堵，为此我们在北京市率先实现了"五码合一"，就诊者进入北医三院大门时只需要扫一个码，就能够一次性完成流调、健康宝、核酸检测、疫情防控等信息一步登记。另外，调查问卷中的智能化设计，极大地缩短了检查的时间，达成了快速通行的目的，有效地避免了大量就诊者在门口拥堵的问题。北医三院是单体多院区的医院，除了学院路的主院区，还有中央党校院区、第二门诊部、机场院区、北方院区等多个院区。我们为此打造了协同信息平台，目的就是在多院区之间进行信息共享，其中提供 49 个医联体、28 家机构的双向转诊、业务系统。例如平台中的检验中心，以前各种检验报告都是以手工的方式来传送大量纸质报告，现在通过全流程的线上信息共享，实现了快速申请和检验报告自动回传等线上流转，使业务有效实现提质增效。

在智慧医院建设上，北医三院目前处于全国医疗信息互联互通标准化成熟度五级乙等水平（这是目前为止全国最高等级），是全国首批通过的医院。在电子病历方面，获得电子病历系统功能应用水平六级（北京地区综合医院的最高级别），北医三院是唯一一家获得该评级的医院。对于智慧服务建设，北医三院首批通过了医院智慧服务三级医院的认证。这些评级都是对北医三院信息化水平的客观评价。

2. 从信息化到数字化再到智慧化

2015年北医三院规划了整体的医院平台化、一体化、智能化战略方针，并确定了数字化建设中统筹规划、分步实施、逐步提升的策略。信息化是一项复杂的系统工程，不可能做到一蹴而就。因为涉及面太广、业务场景复杂，所以只有信息部门对全院所有业务都了解了，才能实现全业务的数字化应用。信息化建设需要统筹安排，只有具备了统筹协调的业务理解，才能做好规划、建设并产生成效。从前期规划到最终产生成效往往需要几年时间，正因为规划先行，才能够一步一个脚印稳步前行，获得比较好的建设成效。

成绩的取得离不开医院领导的支持。正是医院领导很早就看到了数字技术在服务医患、支持科研方面的巨大潜力，才能坚定地在整体规划、人才、经费等方面进行全力的支持。作为一家服务公众的医院，医疗毫无疑问是工作的核心。信息学科的价值就在于从医疗的诉求出发，通过充分发挥数字技术的潜力来提高服务患者的工作效率，同时也基于技术手段来降低医疗差错，达到提质增效的目的。

对于数字化转型，我的理解是相比于以往以单个业务为主导、关注单个数据库的建设而言，逐步转向数字化建设的集成化、平台化、一体化和智慧化。同时，从应用建设逐步转向应用与创新双手抓。我们除了要响应业务的需求，现在也在与其他部门一道开展很多新课题的创新研究。课题数量的逐年递增，也代表信息技术赋能科学研究与自主创新带来的医院高质量发展。以前的课题主要由医生主导，研究的领域也更多是与临床有关；现在的科研课题都广泛涉及数字化技术。例如我作为课题负责人，研究方向就是如何基于 5G 和北斗卫星导航系统实现救援信息共享联动。现在很多新技术申请课题的时候都需要数字化技术来支持信息的交流、数据的分析。为此，我们专门成立了数据资源科来负责数据相关的管理和开发工作。

3. 通过管理发挥技术优势

任何新的事物或者新的系统出现时，使用者都需要一个适应和熟悉的过程，我们信息学科人员需要给予使用者足够的指导与支持。当新的平台上线后，我们会组织面向全院人员的培训。最初，由于医生日常工作异常繁忙，所以往往医生的出勤率是最不好的，于是新系统上线初期就会出现一些由于操作不规范带来的错误。在经过信息学科人员不断的指导并及时处理各种问题后，最终让医生逐渐熟悉和适应了新的平台。满意度调查显示，他们对平台的认可在不断提高。另外，新技术带来的转变和优势也逐渐赢得医生的认可。例如，骨科作为北医三院门诊量最高的科室，以前开处方、写病历都完全靠医生手工完成，当门诊量很大的时候，这项工作就耗费了医生极大的精力。现在，医生只需要单击按钮，在下拉菜单中进行选择就可以完全取代烦琐的手工操作。患者就医是一个复杂的过程，这里面涉及问诊、检查、开药、治疗等很多环节。我们的目标就是把这么复杂的系统做得非常简单，让医生可以像使用 Word 一样使用系统。正是这种便利让医生看到了信息化所展现的优势。

我认为只有好的管理才能发挥技术的优势。管理涉及需求验证、项目管理及跨部门沟通等多个方面，我们在工作中非常看重项目负责制，而且有明确的项目会、项目沟通机制，这能够让相关部门协同配合，使项目进度获得理想效果。

从科室名称可以看出，信息管理与大数据中心赋予的职能不仅有信息项目管理，同时兼有数据建设、治理、利用的职能。科室下分 5 个专业组，包含技术应用、数据资源和网络安全等工作。以数据资源科为例，它管理着我们的数据中心，也承担着配合其他处室进行数据利用、基于数据支持课题科研的所有工作。

在与其他处室合作的过程中，项目工程师是一个非常重要的角色。项目工程师不是一个单纯的技术人员，他首先要能够判别需求。需求往往分为三种：目前就可以实现的；当前的技术和基础无法满足的；因技术或者资源排期问题而需要延后再满足的。由于系统越来越复杂，因此项目工程师个人不能完成对所有需求的判别，这时就会通过召集项目会的方式来共同探讨和分析。在确定了目标后，也会集体讨论信息部门内部以及部门间如何协同配合。信息项目也会通过电子项目管理方式进行追溯管理。为了保障业务系统的可靠，任何变革和改造都需要严格按照审批流程进行。由于实验室的环境不可能完全模拟生产系统中的业务场景，所以我们需要在线上严格评审测试、试运行、验收等各个环节，要求能够做到全程追溯。因为，特别完美的系统是不存在的，只有通过严格的管控才能把各种风险降到最低。

我们在工作中也要面对很多挑战。第一个挑战是人员有限。虽然与很多医院相比，北医三院的院区规模已经很大，但相应的信息人员却远远不够。对于北医三院"单体多院区"的特点，仅仅做好正常的维护工作就是一个很大的挑战。除此之外，我们还要投入巨大的力量来参与科研和教学等任务。所以我们只能靠有限的人力来实现"两手抓"，即不仅要完成大体量的生产业务系统的维护支持工作，还要投入充足的资源来开展以信息为主体的科研任务。第二个挑战是变更需求持续不断。我们需要付出巨大的精力，确保在系统变更时不会发生严重问题，或在极短的时间内处理好系统出现的问题。在对某个系统做变更时，需要能够清晰地梳理不同系统间的逻辑，避免次生风险的发生。现在，系统变更需求更多来自上级部门的规划和要求，医院作为在一线脚踏实地地服务于人民群众的组织，所有关于医改、大健康等的要求都需要落实到系统改造并最终形成数据支撑上级部门的决策。这些工作涉及三医联动（即医疗、医保、医药的改革联动）、医保贯标、带量采购等，因此整体而言团队的工作量和压力都很大。为此我们不仅有针对性地定义了组织架构，也会投入很大的精力来培养及提升每一个成员。

IT行业的特点是新技术不断涌现、新旧更迭周期很短，所以需要相关人员不断地学习和提升。只有不断地学习人工智能、5G、区块链等新技术，才能有意识地结合特定的业务场景来思考如何发挥技术的优势。因此，我们在科室开展不定期的业务学习，学习的内容既有科室内部优秀的项目管理者分享的技术和管理经验，也会邀请外部专家来分享新趋势、新技术等。例如，针对安全问题，我们邀请公安部的专家来分享等级保护相关的知识。当然，我们作为数字化的实践部门，也会主动把数字化技术作为人才培养的手段来组织远程培训，在线上联动多个分院区一同学习。

我们每周都会召开信息项目例会，项目工程师会汇报各自负责的项目情况，如果有任何挑战与困难就在会上由大家一起出谋划策，聚合所有人的智慧来分析问题、确定下一步的计划、明确管理者给予哪些支持等。这种项目例会，一方面能够拉通所有资源保证项目顺利推进，另一方面也能够让新员工在会议上快速地向经验丰富的人学习，从而不断地提升认知、指导工作实践。我们曾经对新员工做过调研，当问他们"你觉得入职以后什么事情对你帮助最大？"时，绝大部分的新员工都认为项目例会的帮助最大。因为在项目会上他可以短时间内就了解不同的项目，观察在工作中如何应对不同的人，不同的项目从需求到交付如何运作，等等，从而学到很多东西。为了让员工的能力能够全面提升，我们采用了科长负责制的人员轮岗，同时也实现了对新员工的有效培养轮转。

我们还把评优作为激励员工不断提升的手段。我们的项目每年都能够在全院的评选中获得各种奖项，原因在于我们部门承接的每一个项目都涉及复杂的解决方案设计与交付，员工总在学习新的知识和理念。但是毕竟院级评选的项目数量有限，于是我们就在科室内扩大名额来评选优秀项目，让更多的人得到肯定，形成有效的奖励机制。从结果看，人员和项目的评优对大家的带动作用还是很强的。

最后总结一下，医院的数字化建设首先要做整体的规划，进行信息化建设和数字化转型，实现系统的集成化、平台化、一体化和智慧化。一方面，从服务患者的角度在每个细节上思考如何提升效率，从而实现提质增效；另一方面，用心思考如何借助数字化技术的能力来推进科研创新，让医院实现从服务型、临床型向研究型转变，推动医院高质量发展。

4.1.2 案例2："战疫"背后部署数字援军

机构：四川大学华西医院

访谈嘉宾：师庆科，四川大学华西医院信息中心主任

2020年初的新冠疫情期间，一些医疗"黑科技"的应用加快了治愈中华大地的进程。比如四川大学华西医院（以下简称华西医院）就通过大数据研究平台，搜集疫区早期流动人口的变化规律和轨迹、防控诊断以及治疗康复等不同阶段的信息，进行分析研判，为疫情防控的科学决策提供了参考依据。同时，医院的科研人员还通过AI智能分析技术对肺部影像进行医学影像分析，让诊疗速度大幅提升，诊断精准度提高30%。数字进化、智能进化、更具智慧的疾病风险管理与诊疗体系在疫情期间大有作为，也成为医疗体系发展的重要趋势。《爱分析·中国智慧医院行业趋势报告》⊖显示，目前智慧服务已覆盖超过50%的医院，方便患者预约挂号、在线支付、结果查询等。同时，医院也正通过数字化建设推动临床诊疗规范、合理用药，提升病理分析能力、医学研究能力等。医疗大数据、科研平台、物联网等新技术的应用，将是标杆医院引领医院数字化潮流的风向标。那么，数字化转型将在多大程度上提升一家医院的诊疗能力、管理能力与研发能力？医疗体系又该如何一步步走向数字化、智能化？

⊖ 《爱分析·中国智慧医院行业趋势报告》（主题名为"数字化进阶在即，智慧医院建设迎来黄金期"），可见 https://ifenxi.com/research/content/5720。

1. 数字科技重构医疗架构

2015 年，华西医院正式启动数字化医院的建设，并首先选择与患者距离最近的门诊医疗服务领域切入，以更好地服务高达 2 万人次的日门诊、急诊需求。4 年后，华西医院正式获批增加"四川大学华西医院互联网医院"作为第二名称，成为四川省首批落地的"互联网医院"之一。这意味着患者及家属能够直接通过网络平台就医，并开具入院证、检验医嘱或药品处方，也可在线上完成预约、缴费、药品配送申请等。这种线上服务能力的重要性在疫情期间尤为凸显。众多慢性病、常见病、多发病的患者可以通过线上医疗减少进入医院的频次，从而减少接触传染的风险。为了提升互联网接诊的精准性，华西医院还开发了人工智能初诊、360° 医疗画像等功能，帮助医生更好地了解患者的病情。在互联网诊疗层面，医生和患者接触的时间比较少，虽然可以通过视频、音频、文字、图像交流，但不如面对面交流深入。所以，我们用到了一些科技手段，比如基于人工智能的初步问诊，再把这些信息同步给医生，让医生在接诊之前就对患者的基本情况有一个初步的了解。另外，我们会进行数据集成，根据患者的全部诊疗历史建立一个 360° 医疗画像，这其实也增强了医生对患者基本情况的了解，让治疗的过程更有针对性。

在门诊医疗领域的数字化建设不断深入的同时，华西医院也在同期推进第二阶段转型工作，其重点放在医学信息、数据、知识的数字化与医学研究能力的数字化上。目前，华西医院已经部署了基于医疗大数据的科研平台，让医生可以更加便捷地应用临床数据。以前，医生在做某一个病种的研究时，会专门和数据服务中心提出需求，如需要哪些疾病编码和临床数据，再由我们定制提供。但现在医生可以直接像使用搜索平台一样，填写条件、调取数据。此举带来的最明显的收益就是效率的提升。2019年全年，华西医院数据服务中心通过人工手段完成数据服务需求1600多次，而在2021年8月科研探索平台小范围测试阶段，1个月的时间内便完成830余次数据探索。如果我们把平台向全员开放，我们利用数据的能力和以前就不在一个层面上了，可以让这些数据发挥更大的作用。

大数据不仅帮助华西医院提升科研能力，还让医院的管理能力实现提升。一方面，华西医院建立了管理数据仓库，并进行应用开发，建立了门诊管理、住院管理、手术管理等平台；另一方面，华西医院也在基于医疗数据研判患者需求的变化趋势，并调整医院的服务模式。譬如，基于门诊就诊量、预约比例的分析能够帮助华西医院更合理地安排接诊医生的数量。当挂号、缴费等就诊流程从人工窗口迁移向自助设备，医院也开始筹备人工窗口改造为采血点的医疗服务设施来提升检查效率。另外，基于门诊数据的预测模式还可以预估每月门诊收入的大致范围，更好地辅助管理决策。

目前，在医疗云平台的基础上，华西医院实现了云管理平台、医联体智慧管理指标分析平台、科研工作站、临床大数据搜索引擎等9套应用的整合。医疗体系的架构正在被数字科技重塑。

2. 部署医疗数字大脑的两道门槛

虽然目前华西医院已经在数字化建设方面取得了诸多成果，但在数字大脑的养成与部署过程中，华西医院还是遇到了不少难题。首先拦在华西医院面前的是技术实力的短板。医院信息中心的人员以往主要负责业务系统的建设和处理流程性的问题，而不太会去处理数据的问题,所以在知识结构上,对大数据的应用,或者对于人工智能的运用是有知识缺陷的。这个时候我们就需要引入其他技术方的帮助。2018年起,华西医院开始在全国范围内物色数字化建设的合作伙伴,历时7个月完成对30余家技术企业的测试工作。最终,新华三成为华西医院底层能力建设的合作伙伴,双方一个负责顶层规划,一个负责技术支持,共同摸索医疗机构数字化建设的高效路径。

医疗大数据的独特性对底层的存储、调度、计算能力提出了很高的要求。以华西医院常见的基因测序工作为例,一次全基因组检测将产生200GB的原始数据,完整测序更将产生至少4TB数据,并且数据压缩率极低。对此,新华三通过云平台的资源弹性伸缩能力,解决了峰谷效应造成的资源浪费,提升了资源利用率,同时实现了基因数据分类存储,方便了数据的分析和处理。如今,华西医院的大数据平台形成了上万张医疗业务的模型表和汇总表,最大单表有千万条数据,高峰期有上百个计算任务同时运行。

另外,医学数据具有稀疏性的特征,不是每一项指标都有相应的数值,同时,不同医院、地域医疗系统间的数据标准并未统一。这让数据治理工作的难度陡增。为此,新华三从数据标准、数据质量和数据安全三方面入手,协助华西医院打造数据仓库,在确保数据安全的基础上进行全面分析和处理,并定制化开发了医学算法库,通过算法库增强跨学科、跨团队的交流。

在解决技术难题之余,数据意识的养成也是华西医院在管理层面面临的艰巨课题。最终数据能力要落实在医疗体系管理或医疗临床决策上,而要让数据能力最大限度地发挥,也需要充分调动人的能动性。我们希望管理、临床层面对我们的数据有要求，然后我们可以用数据去满足他们的要求，去解决难点和痛点的问题。我想很多医院在利用数据进行管理和医疗决策方面，实际上还没有做好准备。我们还没有想好怎么能够让数据在我们的管理过程中发挥更好的作用，或者还不习惯用数据去处理一些问题，这也需要我们慢慢去培养、建立数据化的意识，建立知识决策、科学决策的意识。

目前，华西医院正在积极推广基于数字化平台来工作的理念，譬如通过电视晨会等方式进行宣讲。在一线工作中，华西医院也会在数字化建设中尽可能地调动多部门的力量，譬如邀请医生一同加入医学应用的研发，在统一的开发平台上，让更多人加入数字化建设的进程中。随着这种工作开展得越多，我们产生的成果越多的时候，实际也会反过来再促进大家对数字化平台的利用和应用，形成一个螺旋上升的过程。

3. 从数字化到数智化

当下，AI技术的进步正在给数字化建设带来新的可能性，数字化向数智化的进化成为大势所趋。华西医院自然也对数智化医院的建设进行了相应的顶层设计，把智能化的建设分为三个层级。

第一层级是感知能力的建设，正如人有五感，通过视觉、听觉等收集外界信息，在一个医疗机构中，物联网、可穿戴设备正成为重要的感知器官，能够更快速、全面地采集患者的诊疗信息；第二层级是数字大脑的建设，感知器官将数据集中在一起后，大脑便要开始高效地处理和分析数据，准备为后续的行动发出指令；第三层级是以数字大脑的分析、洞察指导实际应用。

随着终端设备技术的不断进化，医疗体系在感知能力层面已经有了相当程度的提升。诊疗流程的互通互联、检查设备本身的物联网化等都让大量信息快速被传递至数字大脑中。华西医院数字大脑本身的能力还有待提升。我们以 AR/VR 的感受为例，人们现在看 AR 或者 VR 的时候会头晕，是因为视觉感知器官收集到的信息和运动器官收集到的信息是分离的。眼睛告诉大脑我在快速运动，运动器官却告诉大脑我是静止的，大脑如果无法处理这种复杂甚至矛盾的数据信号，整个系统就会发生问题，在人体中，人们会感到头晕甚至想要呕吐，在医疗系统中数据分析与决策将走进死胡同。后面我们会去做的，是提升华西医院数字大脑的基础能力、算力，这是我们需要重点建设的。不然我们的这个大脑就是一个比较笨的大脑，没有深入、快速、全面思考的能力。当下，华西医院正在与新华三联手构建医学模型，降低了 AI 开发门槛，以 AI 能力赋能诊疗与医学科研。疫情期间，科研人员正是在 AI 技术的辅助下分析患者的肺部医学影像，大幅提升诊疗速度。

在数字化、智能化的风潮之下，数智化医疗体系的蓝图正缓缓展开。在完成科研探索平台的内测之后，华西医院将于近期正式向全院开放这一平台。同时，更多院外的合作伙伴、医联体内的多家医院也将逐步接入这一医疗数据平台当中。这样我们至少能够实现医联体内常见病和多发病的诊疗水平、诊疗质量的同质化，管理上面可能达到同样的标准，而这也将有望成为解决医疗资源分配问题的有效手段。

4.2 交通行业

马克思说"衣食住行是人们最基本的物质生活需要……"，其中

"行"占其一，可见来来往往对于人类社会是多么重要。回顾人类发展的历史，伴随着交往范围的扩大，交通方式从单一化逐步走向了公路、水路、地下、天空的全方位立体化，交通工具也经历了采用人力、畜力、蒸汽机、内燃机、电动机等不同动力，形成了汽车、船舶、轨道交通、飞机等不同形态。近年来随着国家快速发展和大量的投入，相信我们每个人能明显感觉到，大量的新科技在交通领域得到应用，我国在交通行业的建设和运行取得了很大的成就。

截至 2020 年底，我国高速铁路运营里程达 3.79 万公里，"四纵四横"高铁网全面建成，"八纵八横"高铁网正加密成型，高铁已覆盖全国 92% 的 50 万人口以上的城市。全国公路通车总里程达 519.81 万公里，其中高速公路通车里程 16.10 万公里，居世界第一。截至 2020 年底，我国民用航空运输机场共有 241 座（不含港澳台地区）。截至 2021 年 4 月，全国（不含港澳台地区）共有 45 个城市开通运营城市轨道交通线路 237 条，运营里程约 7546.9 公里。

以上数字，量的积累也带来了质的变化，交通行业的加速发展更加深刻地影响了我们的社会运行方式和每个人的出行与生活。去往同一目的地可以有不同的出行方式，不同交通工具的组合满足出行的多样化需求。行程时间也因为交通的提速和便利被大大压缩，跨越城市交往的时间从朝发夕至到当日往返，对人流、物流的快捷运输带来的经济和商务活动的便利，大大提升了人们交往的效率。对交通强依赖的物流行业同样享受到红利，跨越城市的物流可以实现隔日达甚至当日达。整体上人流、物流的运输效率的提升，推动着整个社会经济活动的繁荣。在这背后，交通领域的技术升级功不可没，而且信息化和数字化技术的应用也深深地融入其中。

再来看看交通行业的建设，交通是服务物理世界的运输需求，这使得整个行业具有重投资的特点。除了线路相关的路面和轨道的建设，还有高铁站、航站楼、港口等交通枢纽，这些设施一旦建成投产，往往会运行服务几十年或更长时间。这个特点决定了整体的规划设计的重要性，规划设计要有科学性、前瞻性和高品质，可以满足未来长周期的需求。只有这样才可以助力社会的发展，很多基础设施一旦建成，出现问题时如果靠后期的修修补补，则不仅投资巨大，而且很多根本性的问题无法解决。就像普通铁路甚至动车对整体配套设施的设计无法满足高铁的要求一样，最终的能力在设计阶段中就决定了。由此带来的不仅仅是对道路技术和基础设施质量的要求，对交通枢纽也有要求。如火车站的情况，时空压缩和班次的密集带来人员交往的提升，大大增加了交通枢纽的人流，也提高了对旅客出发和到达转运高吞吐量的要求。另外，考虑到运输的大量人员，整个设计规划和建设必须围绕着人员安全进行重点考虑，这也是其他一切设计可行性的先决条件。同时，随着我国经济的高速发展，各类交通设施的建设规模、承载量以及干线路网的长度和密度都在世界上处于领先地位，这也意味着整个系统会变得更加复杂，对整体的路网安排、线路调度、运行安全、票务和乘客管理等全方位提出了更高的要求。这些给交通设施的生产和运营提出的挑战，必须要有充分的数字化技术手段支撑，否则无法实现系统内、系统间的大规模协同。这些技术的配套建设，随着整个设施投产同步完成。从这方面来说，顶层规划和设计是这个行业的基础，决定了相关交通系统后期运行安全、稳定等各方面的品质。

从交通行业的这种建设和运营的特点中，能看出数字化工作主要分为整体设计建设和全局化运营两个主要阶段。整体设计建设阶段属于投产应用的阶段，在这个阶段所实施的系统以所有相关业务的核心系统以及对应的通信服务网络为主，重点考虑系统的完整性，支持安全生产和稳定运行，面向业务发展的容量规划，以及在相关领域的灵活性和扩展性支持。这个阶段在没有运行数据的情况下，主要参考国内外的行业建设标准、相关行业组织的指导、相关领域甚至跨领域的实践经验来进行规划。考虑到交通设施建设早期投资较大，而投入运营后会有一定的适应期，相当长一段时间内无法达到盈利要求，所以很多数字化的基础系统在这个阶段会尽可能充分考虑，以减少进入运营阶段后的改造压力。建设阶段要确保所有的系统可以快速地投入生产，支持可以预见的各类需求，同时为后续的运营提供充足的扩展能力。

进入全局化运营阶段，企业逐步走入正轨，在保障稳定运行和推进数字化变革方面，将进一步考验运营者的决策和选择。交通企业除了需要具有企业的盈利要求外，还承担着社会责任，具备一定的公益性。交通基础设施在物理分布上具有局部唯一特性，使得其本身具备强需求驱动和不可替代性。一旦系统投入运行，所有工作人员和用户都会对现有系统形成使用习惯，对新的变化会不适应。这一系列内外部的要求和限制，使得数字化变革的路径需要在多方位挑战下做出选择。针对交通行业数字化资产，大家也是有共识的。首先是数据量很大，大量的传感器、摄像头、通行数据和人流活动数据中沉淀着海量的信息，要更加有效地加以利用。从大量数据中实现对交通运行的可视，了解交通的真实需求和趋势，方便实现实时治理。另外，针对很多先进科技，既要进行跟进了解，也要甄别选用。比如说，人脸识别技术现在已经成熟，在飞机安检这种强安全场景最先得到应用，因为配合安检的通行过程会有一定的缓冲时间,所以推广的效果很好。但是在地铁城轨场景中,对人员的安全性要求没有机场那么高,进出站都需要检票,在人流量大的情况下效率为先,目前刷卡的效率最高,所以人脸识别没有被大面积使用。另外,政府颁布了《中华人民共和国数据安全法》,对企业数据安全和数据治理提出了更高的要求,这也让我们的交通企业在考虑一些技术引入的同时,需要进行相关能力建设。

作为整个交通网络的组成部分,不同的交通企业以不同形式服务于人员来往和货物运输,很多数字化技术都在其中得到了充分的实践和应用。数字化变革浪潮下,交通领域在行业组织、顶层规划、安全生产、新场景创新等各个方面都有很多经验值得借鉴。

4.2.1 案例1:凤凰展翅,机场数字化建设

企业:北京大兴国际机场

访谈嘉宾:姚亚波,首都机场集团副总经理、大兴机场总经理

北京大兴国际机场投产已经两年多了,作为京津冀发展的重要交通枢纽,在旅客吞吐量、飞机起降架次、货邮吞吐量等指标上呈现出了快速增长的势头。虽然受疫情突发等外部因素的影响,但是整个机场在旅客体验和稳定运行方面都得到了各方的好评,其中信息化和数字化在这个新机场的运行中发挥了很大作用。

1. 以智慧为方向,夯实信息化基础

大兴机场作为比较新的机场,在整体规划和建设阶段一直以高标

准和高起点来要求，整体的机场信息化，贯穿规划设计、建设筹备和开航运营全过程，主要体现在以下五个方面：

- 以规划设计为引领，构建"钢铁凤凰"智慧核心。根据大兴机场的经验，信息化建设的规划设计阶段具有举足轻重的作用，也是最终成功实践的重要根本。对系统总体架构的规划而言，在技术先进性和成熟度、技术路线与运营模式的匹配度、总体架构对后期建设运营投入的取舍等方面应明确初步设计的设计原则和接口要求。
- 以新型技术为导向，打造业务技术"两翼齐飞"。未来，随着以"智慧"为重要特征的新技术的兴起，以信息技术为引领的产业变革势必推进机场乃至民航的智慧化进程。信息化建设全过程应注重业务发展与技术发展趋势的契合，关注核心技术发展情况，对硬件设施、平台方案、软件应用等方面进行多次调整重构。
- 以信息安全为根本，为常态化运行"保驾护航"。在大兴机场智慧机场建设规划设计到建设实施的全过程中均高度重视信息安全工作，由专业团队负责，以专项工作形式执行。通过物理、网络、系统、应用、安全管理五个维度开展规划，以安全性、稳定性、成熟度为原则开展专项设计，将云平台和网络平台统筹考虑，结合等级保护的安全管理要求，建立塔防式安全架构，实现信息安全态势感知和风险防控。
- 全面推行建设运营一体化，为开航投运"筑牢基石"。建设运营一体化在大兴机场智慧机场建设中体现在三个方面。首先，在人员结构上，智慧机场建设团队由新机场建设指挥部和大兴机场信息技术人员共同组成，秉承建设运营一体化的思路，从建设期到运营期持续推进智慧机场创建工作；其次，在知识转移上，从顶层设计到业务规划，从平台建设到资源整合，从技术服务到创新应用，最后到整体运营和服务，技术资料、建设经验、创新成果等均良好承接，极大降低了建设和运营交替产生的技术转移周期和风险；最后，在管理结构上，建设规划阶段采用项目群机制，在建设实施阶段明确责任和项目边界，贯穿信息化建设过程始终，避免职责不清导致的管理困境。

- 推进"稳态+敏态"信息系统架构，持续提升信息化品质。大兴机场开航后，业务流程不断变化发展，信息系统也随之升级，并配合业务发展推出"行李全流程追踪""旅客全流程无纸化"等新产品，利用信息化工具为业务持续赋能。

2. 面向"十四五"，让机场更加智慧

进入"十四五"时期，随着新基建、智慧民航等行业不断发展，大兴机场虽然投入运行时间不长，但同样面临着很多外部环境变化带来的多方面的挑战，以及国家快速发展对大兴机场高质量发展要求带来的机遇。

挑战方面：从外部环境角度看，疫情防控的大环境对机场整体客流造成冲击；同时，国内生产生活秩序全面恢复并进入常态化疫情防控新阶段，但零星散发疫情以及相应的精准防控政策，将对未来一段时间的航空市场发展带来不确定因素，民用航空运输业的市场结构、竞争格局将发生深刻变化。行业市场的波动要求大兴机场的信息化能够快速做出响应，提供无接触的旅客服务，支持安全防控要求，通过

长期的信息积累帮助突发场景下的快速决策，灵活响应市场环境变化。

疫情防控常态化催生了各类人群的出行新需求。机场要兼顾各类不同人群的出行需求，在旅客服务方面，提供无接触的自助出行、安全清洁的候机环境，帮助旅客安心无忧出行；在综合交通方面，从家门到登机门的全程无缝衔接、最佳交通方式推荐和出行时间规划将为旅客出行提供更大便利；在商业营销方面，进出港混流等航站楼设计运营模式为商圈环境营造奠定了基础，有利于线下与线上商业的有机融合。此外，在数字化浪潮下，机场仍需提供足够的适老化辅助方式，帮助老年人、残障人士跨域"数字鸿沟"，让所有人群都能够畅通无阻出行。在新形势下，快速适应不同人群的出行需求并提供个性化服务，将是机场重点关注方向。

从技术发展角度看，当前新技术发展迅猛，技术变革日新月异，如何处理好技术选择和建设实施节奏、如何处理好机场稳定运行和信息技术不断迭代的需求，将是摆在大兴机场面前的课题。大兴机场需要确保日常信息化应用的稳定运行和网络安全管理，同时在特定测试环境中试点新技术在机场的应用与落地。

从智慧机场建设角度看，智慧机场的概念以及大兴机场开航的建设成果被各个机场广泛学习参考，大兴机场面临着不断创新、不断优化、不断迭代的压力，只有解决这些难题，才能够达成持续引领行业智慧机场发展的目标。经历了开航之后的高光时刻，大兴机场各类业务正处在稳步发展和推进阶段，尤其是在机场整体运行管理和旅客服务管理等与业务单位结合、关联紧密的业务如何进一步创新、进一步挖掘业务痛点，进而形成智慧机场建设的亮点中，业务发展和信息化建设还需要一段磨合期，才能确保业务发展和信息化建设的有机融合。

机遇方面：大兴机场是党中央、国务院决策的国家重大标志性工程。习近平总书记做出了"既要高质量建设大兴国际机场，更要高水平运营大兴国际机场。要把大兴国际机场打造成为国际一流的平安机场、绿色机场、智慧机场、人文机场，打造世界级航空枢纽"的重要指示，提出了大兴机场是"国家发展一个新的动力源"的发展定位，为大兴机场的高质量发展明确了定位，指明了方向。

国家"十四五"规划提到"坚持创新驱动发展，全面塑造发展新优势"，为此大兴机场将致力于打造创新生态，进一步研究落实创新机制，引入创新技术，持续推动机场乃至民航业智慧、高质量发展。

科技发展将进一步确保大兴机场的智慧化发展的可行性。从行业技术发展趋势看，现阶段民航业正处于新一轮的技术革新期，新兴智能化技术在民航业的应用呈现井喷之势，大量成熟技术产品和供应商进入机场行业，跨行业融合的技术解决方案日臻成熟，大兴机场的智慧化发展将拥有广阔的技术前景和可行性。

持续创新方面的投入将巩固大兴机场智慧引领地位。科技创新能力已成为世界一流赛道机场发展的核心竞争力，国内外机场在信息化建设方面的投入也呈现逐年升高的趋势。对大兴机场而言，良好的创新机制、富有活力的创新组织以及稳定的信息化建设投入将为大兴机场智慧化建设和保持行业引领提供充沛的原动力。

面对数字化方面的挑战和机遇，大兴机场完成了"十四五"智慧机场专项规划，明确了未来五年数字化建设战略。大兴机场"十四五"期间智慧机场建设的总体目标是：建设敏态新基建，构建创新体系，在稳定运行和运维的基础上，用敏捷的IT组织和IT架构，支持业务高质量发展。在"十四五"期间，大兴机场在智慧机场建设方面将构建"双核心双保障"建设体系。1）双核心：运营和创新双核心。稳态与敏态并举，打造运营核心竞争力。通过智慧机场信息化应用，以及智慧新型基础设施的建设，高效保障大兴机场稳定、安全运行的同时，支持核心业务运营的高质量、智慧化发展，实现运行敏捷协同、安全敏态感知、服务敏捷响应、商业敏锐洞察、管理精细决策；构建核心创新驱动力，推动行业生态建设；建立创新机制，打造大兴机场创新平台，推动业务和技术的持续创新，展现业务生态、孵化技术生态、培育客户生态，营造创新生态环境，与合作伙伴共建智慧机场生态圈。2）双保障：敏捷网络安全体系保障和信息化治理体系保障。完善信息化管理体系、技术体系和运维体系建设，梳理信息资源，采用智能化手段支持信息资源的高效运维和高品质服务，将网络安全管理贯穿智慧机场建设的全生命周期，确保机场平稳运行；构建大兴机场特色的创新模式，搭建数字化创新的业务流程和组织保障机制，培养创新人才和专业能力，支持业务和技术的持续创新和新技术落地。

民航局提出的"四型机场"建设要求，是以"平安、绿色、智慧、人文"为核心，依靠科技进步、改革创新和协同共享，通过全过程、全要素、全方位优化，实现安全运行保障有力、生产管理精细智能、旅客出行便捷高效、环境生态绿色和谐，充分体现新时代高质量发展的要求。其中，"平安"是基本要求，"绿色"是基本特征，"智慧"是基本品质，"人文"是基本功能。因此"四型机场"建设过程中，在"十四五"期间，以 IT、信息化为代表的智慧机场建设将是"四型机场"建设的有力支撑，智慧机场的本质是技术驱动下的业务革新，新技术发挥的效果最终通过业务流程的高效率和服务结果的新体验来体现。

大兴机场实现全方位、全业务的智能化建设，构建航班生产运行、旅客服务及运行管理、空侧运行管理、综合交通管理、安全和安防管理、商业管理、能源环境、运营管理、货运信息管理等九大业务平台，为机场各业务单元和利益相关方提供实时、共享、统一、透明的应用服务。在此基础上取得了广泛便捷的协同运行、全面及时的旅客服务、面面俱到的飞行区业务支撑、无缝衔接的综合交通服务、防患于未然的安全管理、数据驱动的商业发展、节能环保的绿色机场、高效协同的运营管理及全面整合的货运物流服务等九大方面成效价值。

同时，不断深化应用，在如下更多的场景中提升机场管理和客户体验。

- 多数据集成，实现安全信息智慧联防。将离港控制系统、行李安全检查系统、安防视频管理系统、生产运行管理系统的运行数据与安检信息管理系统进行集成，满足安检人员对旅客及行李信息的查验和处理要求。
- 多技术融合，打造旅客服务智慧体验。大数据构建机场统一的旅客服务数据库，融合"互联网+"服务平台及高精度定位与增强现实技术，为旅客提供量身定制的航站楼内个性化定位与导航服务。

- 一张图定位，实现机场全时监察。以地图服务为依托，建成高精度综合定位平台，实时反映机场整体运行态势，并为未来数字孪生机场建设奠定基础。
- 一体化协同，支持运行指挥智慧决策。构建统一信息数据标准，建成开放共享的信息数据平台，为机场、航空公司、地服、空管、联检单位、交管部门等业务相关单位提供智慧决策支持。
- 在旅客服务方面，实现全流程无纸化出行。率先实现全流程"无纸化出行"，自助值机设备覆盖率达到86%，自助托运设备覆盖率达到76%，以人脸识别技术为基础，以数据共享为理念，整合国内、国际旅客流程各节点，彻底打通值机、安检、登机以及离境退税、免税购物、倒流查验等环节。实现全流程行李信息跟踪，全面采用RFID行李牌，通过离港系统、行李系统、安检系统及航空公司的行李管理系统等多系统共同配合，实现行李全流程26个节点的100%跟踪管理，旅客可以像查快递一样随时查看自己行李的状态和位置。实现全流程线上应用服务，建成以APP、小程序、公众号为基础的线上服务平台，基于微服务架构，整合航班、旅客、行李、商业、交通、地图等数据，通过线上方式向旅客提供航班动态查询等服务，覆盖旅客行前/行中、场内/场外不同服务全场景的接入需求。
- 在数据治理方面，建立统一标准，融合多源数据。大兴机场致力于提升运行数据质量、强化数据应用价值。在信息系统建设方面，以智能数据中心、数据服务总线和航班运行应用平台为核心，融合多源数据、搭建"共建、共治、共享"的数据管理平台；在运行数据标准方面，将415项运行相关数据纳入数据管理范围，建立运行数据管理体系，从而规范数据标准、统一定义规则、明确各方责任、落实管理职责、统筹把控质量。数据治理是数字化转型的基础，大兴机场在民航局数据共享平台中的数据准确性、及时性、完整性等常年排名第一。

目前大兴机场正在谋划数字化转型工作，经过前期的调研探索，初步明确了一些未来的发展方向。数字化转型本质是利用数字化技术为业务模式创新与转型赋能，其核心是业务模式优化、创新与转型，其手段是数字化、信息化技术。数字化转型并不等同于信息化建设，数字化转型的成功离不开业务部门的深度参与，其实数字化转型的起点是业务与IT的深度融合，数字化转型的过程是整体探索实践的过程，并不是一个信息建设项目，商业价值的进一步体现、商业模式创新代表着数字化转型最终的成功。

在未来数字化转型过程中，大兴机场将在公司层面建立业务与IT深度融合的体制机制，从战略规划到建设落地再到运营全过程统筹推进数字化转型工作。信息化管理部门作为智慧机场的IT规划、IT建设管控、IT治理的牵头部门，应深度参与业务规划，基于业务战略制定相适应的智慧化战略，从IT视角考虑如何为业务赋能，从规划层面开始就植入数字化基因；在IT建设与运营的执行层面，信息化管理部门应成为业务部门的合作伙伴，共同建立融合型的数字化交付与管理团队；在人才发展层面，信息化管理部门要为公司培养精通业务和技术的复合型人才；在能力建设层面，信息化管理部门应着力培养业务抽象、技术架构设计与统筹管控、核心专业技术发展与应用研究等核心能力，才能基于业务发展提出前瞻的优秀技术解决方案，使数字化转型达成业务目标，引领机场的智慧化发展。

业务部门作为智慧机场相关业务的主导方和需求方，与信息化管理部门协作，在公司数字化战略的框架之下，形成业务与IT融合的战略规划；业务部门要分析和明确业务的短期、中期、长期发展方向，以及各阶段的业务发展目标和效果，以此为基础，将业务目标转化为信息化建设需求，与IT部门共同论证和验证需求的技术可行性，以项目的方式开展建设，或不断迭代更新、运营精进，推动数字化解决方案滚动发展，促进业务不断优化和创新。

在今后的发展中，大兴机场将以"十四五"智慧机场规划蓝图为导引，结合行业内外数字化转型最佳实践，统筹规划大兴机场数字化转型路径，通过局部场景试点、小范围验证后再逐步推进多业务领域和流程的数字化转型。从国际民航的发展趋势来看，美国联邦航空管理局（FAA）、国际航空运输协会（IATA）、国际机场理事会（ACI）、国际航空电信协会（SITA）等对智慧机场的发展趋势给出了方向性的定义。

趋势一：FAA的NextGen（新一代航空运输系统）计划。NextGen计划的核心是保障安全、增加容量、增强灵活性、提高运行效率、更加环保和降低成本。其中，与机场相关的新技术应用方案包括跑道容量与安全、移动目标定位与监控、安防技术、无缝服务等。

趋势二：IATA与ACI的NEXTT（新技术催生旅行新体验）项目。NEXTT项目旨在通过乘客旅程改造和新技术应用，来变革当下的机场。NEXTT聚焦在两个方面：

- 先进处理：新技术应用可以进一步改善航站楼内的旅客体验，提高运营效率，提升安全水平。旅行流程再造和新技术的应用，将满足人们不断变化的出行需求，为旅客和员工创造具有吸引力的体验。重要的是重新认真思考人们的真正需求或期望，例如在每个触点对人员、行李、货物、车辆或其他物品的身份识别都应该是流畅且无停留的，因此技术上应能够实时捕获和验证身份数据，支持跨系统数据共享。

- 交互式决策：优化机场运营的关键在于充分的数据交换、共享和利用，无论是旅客、航空公司和机场之间，行李处理人员、航空公司和货运代理之间，还是航空公司和地勤人员之间。通过数据源整合协同，实现对航班、行李和货物等信息的实时访问及追踪，及时了解运行中的任何变化，通过预测建模和人工智能等技术的应用，实现更快速的业务决策，从而优化整个网络运行。

趋势三：SITA对机场IT发展趋势的分析。在SITA发布的《2019航空运输业IT趋势洞察报告》中可以看到，商业智能（BI）、生物识别身份管理、交互导航、人工智能、数字行李牌成为智慧机场发展的关键举措。机场将网络安全、云服务和BI作为持续进行机场数字化转型的关键推动力；强化旅客旅程的自助化、自动化，为旅客提供更快、更愉悦的机场体验。在不断增加的客流量压力下，绝大多数机场都在利用BI进行预见性的分析来改善旅客处理能力；通过移动设备的运用来推送个性化信息以及等待时长预警，进一步减少旅客焦虑感；通过实时的行李跟踪信息服务和人工智能AI驱动的机器人服务，来增加旅客服务过程的趣味化和体验感；利用生物特征识别管理来处理更多的旅客客流、优化旅客出行过程的效率。

3. 组织和人才建设是智慧机场建设的持续动力

智慧机场建设是一个长期过程，除了采用先进技术，在组织能力和人才能力建设方面，大兴机场也在积极加强。

在组织能力方面，为推进智慧机场组织体系建设，未来应考虑融合机场管理决策、执行管控在内的各层级，组成专业执行保障组织。例如应设置智慧机场建设委员会，使其作为智慧机场建设的最高决策机构，负责智慧机场建设的统筹管理、变革管理、跨业务决策；还应加强信息化部门与业务部门的合作，促进业技融合。

在人才能力方面，智慧机场建设重点考虑如下人才资源的培养：

- 培养具备全局观、整体规划能力的信息化规划专家，洞察机场的业务发展方向，思考技术与业务的融合，确定机场智慧化建设的长期目标和行动举措。
- 培养乐于拥抱数字化技术的管理人员，洞悉业务需求的本质和技术实现的本源，准确地传递业务需求并建立可行的技术解决方案。
- 培养兼具业务知识和数据分析能力的业务专家，充分发挥机场既有的数据资产的价值，以数据为业务赋能，并保障数字化能力的持续发展。
- 培养具有运营能力的营销人才，信息系统建设完成后，还需要持续地运营，为前端用户 / 客户提供更好的体验。
- 培养具有良好的创新意识和积极的创新热情的年轻技术骨干，形成机场创新生态环境和持续的创新动力，保持机场在行业中的领先地位。

北京大兴国际机场作为一个新型机场，其建设的高起点和运营的高标准通过两年多的运行得到了检验，但是这仅仅只是个开始。它服务京津冀的定位也让大兴机场承担着更大的责任，面对更高要求，目前的成就只是千里之行的开始，数字化时代的智慧机场建设刚刚启航。

4.2.2 案例2：打造"中国338"，建设智慧地铁

企业：太原市轨道交通发展有限公司

访谈嘉宾：郭建伟，总经理助理、机电设备部部长

作为太原城建史上投资规模最大的城市基础设施单体项目，太原地铁2号线一期工程学习、借鉴国内其他城市的成功经验，广泛应用新技术、新产品，凸显后发优势。太原地铁2号线是山西省的首条线路、全国的第338条线路，因此我们的目标就是以"绿色地铁、人文地铁、智慧地铁"为理念，高起点、高标准地打造成一条"中国338"精品工程。

太原地铁在规划阶段，我们与中国城市轨道交通协会以及多个兄弟城市的建设、运营单位进行了充分的交流与沟通，在线路规划、建设模式、新技术应用、运营组织等方面都有所借鉴，并在各阶段邀请业内专家对太原地铁进行评审。太原地铁实现了全自动运行，即实现了列车的自动唤醒、出库、运行、进站、开关车门、离站、折返、洗车、回库、休眠等功能，工作人员只起监控和管理的作用，既可有效提升运行组织的灵活性和运能，还能降低人工与运营成本。太原地铁以及太原地铁城轨云的建设得到了业内同人的大力支持，目前也在积

极地向行业内分享自身的建设经验，推进智慧城轨建设以及行业的数字化变革。

虽然太原地铁建设面临"起步晚，错过高速发展期"等不利因素，但我们可以充分利用"无包袱、一张白纸好绘蓝图、赶上高质量发展期"的先天条件，将创新驱动作为后来居上、蹚出新路的逻辑起点和根本途径。为此，我们在智慧地铁的创新行动中提出了"CFBPSA"六大行动计划。

- C 是集安全生产、企业管理、客户服务于一体的城轨融合云，即建成国内首例承载全自动运行系统的标准城轨云平台。
- F 是 FAO（全自动运行）系统，采用全自动运行最高等级 GOA4 标准。
- B 是以运营为导向的全寿命周期 BIM（建筑信息模型）技术应用，通过三维数字技术模拟建筑物所具有的真实信息，为工程设计、施工、运营提供相互协调一致的信息模型，达到设计、施工、运营的一体化，从而降低建设和运营成本。在国内率先提出并实践了"以运营为导向的轨道交通全生命周期的 BIM 技术应用"。
- P 是 PHM（故障预测与健康管理）技术，通过物联网应用对关键设备和设施的各项指标进行监控，从而实现从传统"计划修"向"状态修""预测修"的创新转变，提高运营安全性，降低运营成本。
- S 是建设轨道交通全寿命周期安全管理、评价与认证体系，完善工程安全风险管控系统，建立应急管理响应机制，目标为建立涉及人员、信息、设备、环境在内的全域安全体系。

- A是人工智能技术，充分应用机器人技术替代地铁全生命周期运营过程中标准化、程序化的人工作业，开展机器人深度学习研究，提高设备的自动检测和远程监控能力。目前已实现全线全通道的戴口罩人脸识别过闸，还将FAO、BIM、PHM、二维码、人脸识别、边缘计算等技术引入智慧地铁的建设中。

1. 着眼未来，统一规划

太原城轨云的建设以中国城市轨道交通协会（简称中城协）的13531架构为引领，搭建1个云平台，依托安全生产、内部管理、外部服务3张网络，实现乘客服务、运输指挥、安全保障、企业管理、建设管理5大领域的应用，构建生产指挥、乘客服务、企业管理3个中心，打造1个智慧地铁门户网站。

太原城轨云作为中城协智慧城轨样板点之一，规模最大、承载业务系统最多、规范落地最完整。太原地铁城轨云建设方案从设计之初就按照线网级进行统一规划，控制中心的数据中心机房建设约5000平方米，满足了规划中8条线路的容量需求。城轨云计算平台由控制中心、灾备中心与站段级云平台组成。网络由安全生产网、内部管理网、外部服务网、运维管理网构成。基础架构的价值不仅体现在满足业务运营的需求，还为今后数据分析与机制打下了很好的基础。通过建设统一的城轨大数据平台，接入安全生产网业务系统数据，制定数据标准，进行数据治理与数据服务。

最终太原地铁在建设中充分探索了云计算技术与城轨传统业务的结合点，挖掘云服务能给智慧城轨建设带来的助力，以IaaS服务作为基础，为所有上云系统提供所需要的基础设施资源；以PaaS服务作为创新,为票务清分和互联网售票等业务提供定制化容器及中间件服务;以 DaaS 服务作为支撑,建立数据资产,实现数据服务与共享,同时也为业务系统提供数据算力服务;以 SaaS 服务为探索,提供流媒体存储等特色应用。

基础云架构的价值不仅体现在对城轨业务的支撑,还体现在为今后的数据治理打好了基础。通过大数据平台的建设,可以把通信、信号、票务等业务系统的数据进行集中分析,从而指导排车计划优化,满足乘客的出行需求,所创造的效益将更加显著。

2. 迎难而上,开拓进取

在太原地铁城轨云建设过程中经历了一系列的挑战:

1)安全认证。作为全国首个承载 GOA4 级全自动运行系统的城轨云平台,其承载的 IDCS(智能分布式控制系统,Intelligent Distributed Control System)需要通过安全完整性认证(SIL2)。太原城轨云建设团队通过与第三方评估机构、业务系统建设方的多轮沟通对接,实现了城轨云环境下的 IDCS SIL2 认证。

2)建设经验。在太原城轨云建设过程中,没有现成的完整经验可供参考,厂商的经验也不足。因此,我们通过开放的多方研讨,参照协会标准,采纳设计院的意见,参考兄弟城市建设经验,最终形成了一套太原的建设模式与建设经验。

3)运行环境。太原城轨云作为目前业界承载生产业务最完善的线网级城轨云,业务系统需求差异化非常大,在建设过程中,提前筹备了完善的测试过程,对云平台自身、业务系统上云适配性、业务系统负载、云内互通与云内安全等方面进行了充分测试并辅以新华三的

DI LAB 实验室，保证了众多业务系统的顺利入云。

4）资源需求。多业务系统上云对云平台的综合承载能力要求较高，面对多元资源需求，在统筹考虑业务系统独立性、安全性、依赖性等因素后，通过统一规划、集中部署的方式实现了 IaaS、PaaS 等异构资源的提供，并保证未来的扩容能力。

3. 沉淀经验，提升能力

随着轨道交通线网规模的扩大，城轨设备制式多样、运行组织模式复杂、网络客流叠加效应越发明显等特点也被放大，行业内逐步开始关注如何统一、高效地管理设备运维，优化运行组织，整合各业务系统数据。因此太原地铁 2 号线在全自动运行系统上引入城轨云平台，通过云平台进行资源的统一配置和管理，实现数据共享，进而优化运行组织，提升全自动运行效率。

太原地铁首次完成在 FAO 工程上实现及应用云计算技术融入 FAO 的系统总体架构模型，创新实现云计算技术应用于 FAO，对 FAO 各系统进行综合承载，将城轨云平台纳入 FAO 的系统总体架构，构成 FAO 的六大核心系统（通信、信号、综合监控、站台门、车辆、云平台）架构模型；在传统 FAO 系统基础上，进一步实现核心行车调度子系统中央级 IDCS 的云化部署，保障了 FAO 核心行车调度系统云化部署的安全完整性及信息安全保护要求。

通过城轨平台构建线网信息化基础底座，为生产、管理、乘客服务等业务系统统筹提供 IaaS 服务，并实现容器、微服务等 PaaS 服务和大数据 DaaS 服务，以及 CCTV 视频云存储等 SaaS 服务，形成全栈服务能力。

乘客服务与安全运行一直是城轨行业的重要使命，结合业务与基础架构的创新，太原城轨在城轨行业的数字化建设中为业界进行了有益探索。

4. 继续推进智慧地铁的建设

基于太原地铁在建设 2 号线时所累积的经验，未来将从三个核心场景来实现太原地铁的数字化和智慧化升级。一是面向乘客服务方面，为乘客提供安全出行、便捷出行以及多元化的乘客服务；二是面向运营方面，实现安全运营、高效运营、绿色运营；三是面向管理方面，通过构建数据资产，进行便捷分析，实现数字化管控。

现在业内所提到的 5G、区块链、人工智能、数字孪生等新兴技术，其实可以更进一步探索研究，让这些新技术适当地应用在地铁，帮助太原地铁实现数字化与智慧化的升级。比如人工智能技术就可以应用在数据平台中，将客流、监控视频、列车关键部位检测等业务数据汇总后，通过人工智能技术和算法对数据进行比对分析，最终提高现有数据资产的利用率和智能化，让日常运维工作更加高效准确。

数字孪生技术也能够引入到地铁的运维系统中，实现车站、隧道、车辆的真实模型与虚拟模型的数据交互及信息融合，进而提高地铁运维效率。

4.3 能源行业

回顾历史，人类的发展是不断高效利用能源的历史。尤其是进入工业时代，蒸汽机的发明加大了煤炭等化石能源的利用，带来了机械工具革命，使得一个人可以控制机器输出传统上需要几十上百人才能达到的能力。随着工业化的推进，人类利用能源的效率进一步提升，而且目前有着加速发展的势头。多样化的能源结构被提上了议事日程，可持续发展的能源体系建设成为当前国际社会的共识，但是新能源的发展也是一个稳步发展的过程，而传统能源随着能源利用率的提升，相当长的时间内还会作为能源的主力。"十四五"规划对我国的能源建设给出了很详细的指引，提出"推进能源革命，建设清洁低碳、安全高效的能源体系，提高能源供给保障能力……非化石能源占能源消费总量比重提高到 20% 左右。推动煤炭生产向资源富集地区集中，合理控制煤电建设规模和发展节奏……推进煤电灵活性改造……完善煤炭跨区域运输通道和集疏运体系"。

通过上述内容要求可以看出，在未来的能源结构占比中，新能源占比会逐步提升，但是煤炭仍然会扮演着主要角色。因此煤炭资源的开发、利用和运输，仍将是支撑能源体系的重要范畴。智慧矿山也是在这个背景下提出的，过去几年来工程机械和自动化技术已经在矿业开采中得到了广泛应用，随着安全开采、绿色开采、精益开采等要求不断提出，必须引入更加高效的开采技术。开采技术逐步提升，相关的自动化开采和保障设施不断被引入，逐步减少矿井下的人力。因此对于矿井下的复杂情况，也有大量专业的探测器针对开采环节的生产设备、环境、空气等多方位的信息进行收集，工业互联网、5G 和人工智能技术逐步被引入进来。这些生产和环境相关数据越来越多，配合强大的 IT 平台进行支撑，实现对安全生产过程的实时监控、分析和决策支持，数字化技术的应用也不断推进智慧矿山的内涵进一步深化。

4.3.1 案例：突破常规，勇于实践

企业：应急管理部信息研究院

访谈嘉宾：刘春平，高级顾问

煤炭行业作为历史最为悠久的工业行业，一直默默支撑国家的能源战略，但是最近却在应用数字化技术方面走在了前列。回顾整个煤炭行业的发展历程，大致经过了这样的过程。

首先，改革开放后，国家推出了一系列政策，其中重要的一项是建立市场经济体系。在建立市场经济体系的过程中，第一个举措就是市场定价，政府管控的物质越来越少，很多产品的价格都放开了。但是对于能源的价格一直没有放开，于是给煤炭行业带来了非常大的经营困境。因为将煤炭限制在较低出品价格的同时，所有主要的生产材料（钢材、木材及水泥被称为煤矿三材）价格大幅升高，从而形成了价格倒挂的局面。企业要生产就只能向上游企业赊用三材，最终导致严重的"三角债"问题。煤炭企业在这一时期忍辱负重地坚持生产，为国家的能源安全提供了关键的保障，为经济的腾飞注入了活力，但是自身的发展却举步维艰。时任总理朱镕基采取坚决措施解决"三角债"问题后，煤炭行业开启了技术升级换代的大发展。煤矿作为最古老的工业，在 20 世纪 80 年代，我国主要还是用炸药爆破的方式来开采煤炭，这是非常落后的采煤方式。其主要缺点是：第一很危险，第二资源的回收率非常低，第三生产效率也特别低。20 世纪 80 年代中期，我们开始引入西方的一些先进采煤工艺，实现了高效率的机械化采煤。到 20 世纪 90 年代初开始大量应用长臂采煤，就是把大煤田划

分成标准的矩形工作面，用采煤机割煤，机械化程度不断地提高。新技术的推广不仅大幅提升了煤矿的产量和效率，也消除了传统采煤技术中的高危险性。

1. 工业革命带来的转变

2000年以后信息技术普及，开始引入信息化。煤矿的信息化首先是从安全方面开始的，其信息化大规模使用的场景是瓦斯监控。通过在井下建设信息网络，用信息化的技术去实时检测井下的环境变化，重点是建设瓦斯监控系统。通过信息化建设，使得煤矿的安全生产水平显著地提升，百万吨死亡率成功缩小为1/20。

紧随其后的发展重点从信息化升级为自动化。以前都是由人操作设备，后来引入了自动化技术，使得井下的水泵、皮带、供电、通风等设备不再需要人手工去操作开关，而是由计算机进行自动控制。那个阶段最显著的特征是"就地控制"，即用一台计算机专门控制一台设备，例如每一台水泵都有一台计算机，只需要一个指令，就能自动地开关该设备。

煤炭行业的进步和工业革命的节拍是完全一致的。第一次工业革命是机械化，第二次工业革命是自动化，第三次工业革命的显著特征是网络化。煤矿的更高层次技术进步就实现了对全矿井生产系统监测的网络化。在矿井安全监测实现网络化的基础上，该行业全面实现了安全生产的网络化，做到了全国一盘棋。国家能掌握任何一个矿井的生产情况，例如井下有多少工作人员，安全监测的情况如何，生产系统的运行情况如何。应急管理部信息研究院就是国家的安全监管平台，它不仅负责监测，还要进行风险分析与预警。

我们认为第四次工业革命的显著特征就是智能化。2020年2月25日，八部委联合发布了《关于加快煤矿智能化发展的指导意见》，为煤矿实现智能化指出了三阶段的主要目标，即2021年基本实现固定岗位的无人值守与远程监控；2025年实现井下重点岗位机器人作业，露天煤矿实现智能连续作业和无人化运输；2035年建成智能感知、智能决策、自动执行的煤矿智能化体系。

对于如何开展智能化，之前大家都在探索，而2019年11月工信部印发的《"5G+工业互联网"512工程推进方案》更是给出了明确的指导，即围绕5G与工业互联网开展攻关。这个文件中指出工业互联网是第四次工业革命的关键支撑，5G是新一代信息通信技术演进升级的重要方向，二者都是实现经济社会数字化转型的重要驱动力量。5G在工业行业的第一个应用案例就在煤炭行业，很荣幸我主导了该工作的开展。

2. 5G商用的成功

山西焦煤霍州煤电的庞庞塔煤矿的资源储量是6亿吨，年产能力是1000万吨，也就是说其服务年限是60年。该煤矿原计划2014年投产，但是当时国家正在大力推进去产能，于是该矿就缓建了。2019年国家发改委批复允许它投产，于是它的信息化体系也同步开始建设。从2014年到2019年的5年中，技术已经发生了很大的变化。在2019年北京举办的采矿设备展上，业界就提出了要做煤矿的智能化，因此我们也决定煤矿的信息化体系建设不能以传统的方式来设定目标，而是要按照智能化的思路去做。2019年6月，工信部正式发布5G牌照，我们就敏锐地认识到必须走5G这条路。为什么煤矿必须走 5G 才能做智能化？因为煤矿是一个移动的生产环境，它不是固定岗位、固定设备的生产环境。工厂车间里的机床都是固定的，所以用网络把机床等设备连起来很容易，但煤矿井下的采煤机、掘进机、液压支架等设备都会随着生产而不断地移动。在一个不断移动的生产环境中，就需要一个移动的通信技术去解决煤矿的监测、设备的控制问题。所以煤炭行业要实现智能化就必须走 5G 这条路线。那么为什么不选择 4G 呢？4G 的网络主要是面向个人用户的，虽然带宽也很高，但是工业企业对通信时延、网络的可靠性、可连接性等方面有更高的要求，所以 5G 是最合适的选择。

我们在 2019 年 9 月开始探讨基于 5G 建设庞庞塔矿的智能化，2019 年 11 月就和中国联通签订了地下空间 5G 战略合作协议。由于井下是一个封闭的世界，地面的信号传不进去，所以就必须在井下建基站。第一步工作是 5G 设备的防爆认证。所有的设备要下井，就必须进行防爆改造，电源、外壳、电路板等都必须达到煤矿的防爆要求。我们跟北京的一家公司合作，2019 年 11 月就拿到了全国的第一个防爆认证。之后就开始在井下做测试并不断优化。一开始做测试的时候，基站的信号覆盖距离只有不到 100 米，建设成本太高。后来我们经过优化，1 个基站覆盖的半径可以达到 300 米。在实际部署的时候，每公里仅需要 2 个基站。假设矿井下有 100 公里的巷道，只需要部署 200 个基站，这样就使得建设成本大幅下降。庞庞塔矿的 5G 专网在 2020 年 10 月正式开始商用，《人民邮电报》还在报道中以庞庞塔矿的实践为例阐述了工业互联网的发展潜力。

目前基于 5G 的连接能力已经构建成功，我们正在有条不紊地推进基于 5G 的应用开发。《关于加快煤矿智能化发展的指导意见》为煤矿的智能化发展提出了到 2035 年各类煤矿基本实现智能化的目标。按照该文件的规划，在 2021 年底，我们要实现第一阶段的建设，即煤矿井下所有的固定岗位无人值守。煤矿井下除了有移动的生产设备以外，还有很多固定不动的设备，比如变电站、水泵房等。这些固定设备原来都需要一个班三四个人值守。一般煤矿上有近百个这类固定岗位，在实现无人值守后煤矿中就能减少 1/3 的工作人员。庞庞塔煤矿现在已经实现了所有固定岗位无人化，从而减少 280 多人的固定岗位，全国其他很多煤矿都开始在这个方向上努力。

第二阶段就是针对移动设备的智能控制，当前力争做到人员减少，未来移动岗位也要做到无人值守和无人控制。比如，现在的采煤机还需要人来操作，井下的运输车辆也需要人来驾驶。今后的目标是采煤机可以在地面控制，而运输车辆可以自动驾驶，虽然还不能很快实现无人化，但是在当下先追求移动岗位的减人、少人。要实现真正的智能化，就需要智能化的体系建设，包括决策、生产、控制一系列的流程都要实现智能化。

相比于其他拥有先进产能、先进技术的行业，煤炭行业这次能够成为智能化的排头兵，主要是因为煤炭行业面对的用工压力非常大。虽然现在应用了各种技术在解决人员的安全问题，但是煤炭行业工作环境的危险性还是比其他行业高。当前我国的劳动力资源已经不再像很多年前那样充裕，而且很多煤矿一线职工的平均年龄约 45 岁，因此只能通过智能化来解决用工紧张的问题。

3. 转型面对的挑战

能源行业是国家的基础行业，随着技术的进步和行业的发展，迫切需要进行智能化。但是目前在转型中也面临一些挑战，例如传统的煤矿应用系统都是通过工业以太网来连接并构建的，因此国家及各省出台的标准、指南或者验收办法，都是基于工业以太网、传统自动化的思维和标准去编写的，导致智能化建设遇到阻力。当采用"5G+工业互联网"技术时，就出现了新设备不符合现有标准的问题。

《关于加快煤矿智能化发展的指导意见》中，专门提出"强化标准引领，提升煤矿智能化基础能力"。文件对这项目标的表述是："结合部门职责分工，协同推进煤矿智能化标准的制修订工作，强化基础性、关键技术标准和管理标准的制修订；加快煤矿智能化建设术语、数据管理、技术装备及煤矿机器人等相关技术规范、产品标准和检测检验规范的制修订。开展煤矿智能化标准体系建设专项工作，加快实施煤矿智能化标准提升计划，制定煤矿智能化建设、评价、验收规范与实施细则；推动建立煤矿智能化标准一致性、符合性检测体系和技术平台，形成标准制修订、宣贯应用、咨询服务和执行监督的闭环管理体系。"这里的主导思想就是要求我们勇于探索，鼓励我们去重新制定标准。很显然，你用马车的交通规则去判断汽车是不行的，用汽车的交通规则去判断高铁也肯定不行。

4. 转型的趋势与展望

过去我们对煤炭有一些偏见，认为环境污染主要是煤炭燃烧造成的，所以出现限制煤炭发展的现象，导致整个行业的发展受到一定的制约。我国是一个多煤少油的国家，煤炭资源总量超过1万亿吨，现有的探明储量还可以开采超过100年。目前我国的水利资源基本已经充分利用，今后会大力发展核能与新能源。但是鉴于核能与新能源各自的特点，在相当长的时间里煤炭依旧是我们的能源主体。德国、英国、美国等国家已经关停煤炭开采，这些国家在相应的技术研发和升级上已经缺位。煤炭是我国的能源压舱石，所以一直在大力投入对其相关技术的研发。过去，由于我们对煤炭的使用方式落后，带来了很大的污染问题。但是现在随着新技术的不断推广，越来越多的火电厂完成了超低污染排放改造，火电厂的污染排放水平已经不差于燃气电厂。另外，我国目前的另一个战略是对煤炭的化工转化。通过对煤炭开展更多的深加工利用，也将带来周边服务产业的大规模发展。例如过去煤炭只是单纯作为燃料，未来的煤炭要作为原料加工成汽油、煤油等。这方面的成果已经催生了一条全新的产业链的发展。在我国石油对外依存度高企的局面下，煤制油成为保障国家能源安全的重要举措之一。

正是由于煤炭是我国的主体能源，所以煤矿的数字化转型也是一个备受关注的领域。从把 5G 带入井下开始，我们率先开启了数字化转型之路，下一步就会按照既定的策略继续推进智能化的建设。在这个行业推进智能化建设的过程中，为产业链相关配套行业也提供了巨大的发展空间。

在建设过程中，对于人才的需求愈发迫切。面对人才问题，国有企业的处境相对好一些，因为在经过 20 年的信息化建设后，它们储备了一些人才。针对先进技术，国有企业可以通过引进、消化、吸收到自我完善，再配合社会化保障，就能够比较顺利地完成建设。但是私营企业在这方面就要薄弱很多，我觉得它们在面对人才问题时需要用社会化服务来解决。我在大量煤炭企业的一线调查中看到，私营企业在人才储备方面确实有很大的不足，它们当前很难建设一个庞大的团队来实现数字化转型，因此更加希望业界的相关企业能够提供从产品到服务的全面支持。一方面，相关企业为煤矿企业提供完整的解决方案，实现全生命周期的服务。另一方面，专业企业提供的解决方案还可以综合多个煤矿的经验与教训，从而在预警、告警、感知等方面不断迭代进步，实现服务效率更好、服务成本更低的正循环。

此外，在社会化服务方面，装备行业也起到了至关重要的作用。装备行业的智能化将极大地提升生产环节的效率与安全保障，与煤矿的网络化结合能够更加全面地实现监测、维护等方面的能力。而且目前已经形成的一个趋势是，煤矿越来越多地从采购设备转向租赁相关的设备。我们在庞庞塔煤矿的 5G 建设中就与中国联通签署了租赁协议，这个协议也包含了相关的服务协议。通过思维的转变，我们在合作中让专业厂商的服务能力得以延伸，双方的合作更加紧密。

总结而言，煤炭行业作为历史最悠久的工业行业，在新的时代里将不断引入新的理念、新的实践，积极拥抱数字化转型的契机，从而成为第四次工业革命的排头兵。

4.4　产业园区

在我国，工业园区是随着改革开放起步，并随着国家经济增长快速发展起来的。我国改革开放后，第一批工业园区开始参与国际市场制造分工，主要集中在珠海、深圳等经济特区。由政府直接运作，制造工业向园区集中，园区成为重要的制造基地，其典型代表是蛇口工业园。随后面向国际扶持高新技术企业，我国工业园区在沿海开放城市逐步发展，并通过生产基地本身的高度集约化，从单纯的大批量物资生产基地，进化为较为精练的高附加值产品的生产基地，其代表是深圳科技工业园。20 世纪 90 年代起，工业园区逐步扩展到中西部地区，科技开发区、高新技术园区、工业园、出口加工区、保税区等不同功能及产业定位的园区类型应运而生，典型代表如上海张江高科技园区。从 2001 年中国加入 WTO 后至今，通过经济和产业政策的调整，工业园区由传统意义上的单一配套转向复合功能设计。在运营方式上，由原来多类别科技领域的叠加转向专业类的生产制造和研究开发。

经过多年来产业和企业的不断壮大，工业园区的发展越来越专业化，配合当地的产业转型升级，通过园区内大量创新型企业，组成核心产业上下游完整的产业配套体系驱动企业的发展，实现跨园区一体化的产业链。通过整合上下游资源形成产业集群，使得工业园区逐步成为地区经济发展的主导力量，推动当地产业高质量发展。

各个园区在发展产业上下游企业的同时，也为园区企业提供更好的服务，比如人才招聘、商务服务，以及工业互联网等数字化服务等。这样，当园区企业在进行生产数字化转型面临相关 IT 能力和人才不足的情况时，相关工业互联网服务企业的能力可以快速跟上，为各个企业提供各类数字化、数据服务以及咨询，并为企业的能耗优化、生产数据分析、竞争力评估提供支持。

4.4.1 案例：励精图治，持续创新

机构：苏州工业园区管委会

访谈嘉宾：卢渊，党工委委员、管委会副主任

苏州工业园区隶属江苏省苏州市，位于苏州市城东，1994年2月经国务院批准设立，同年5月实施启动，行政区划面积278平方公里（其中，中新合作区80平方公里），是中国和新加坡两国政府间的重要合作项目，被誉为"中国改革开放的重要窗口"和"国际合作的成功范例"。

苏州工业园区的建设实际上是邓小平跟李光耀两个伟人共同做出的一个重要决策。1992年邓小平同志南行的时候就提出不仅要学习新加坡的社会管理，还要比它管理得更好。这是向世界发出一种信号，中国要坚定不移地走改革开放的道路，要搞市场经济。时任新加坡内阁资政的李光耀积极呼应邓小平同志的讲话并率团访问中国，也表达了中新合作共同建立工业园区，并以该园区为载体介绍新加坡经验的意向。此后，中新双方围绕合作开发事宜进行了多次协商和实地考察，最终确定选址苏州。

园区经历了五个发展阶段。1992年至1994年是筹划建设阶段，经过一系列的筹备工作后于1994年5月12日正式启动建设苏州工业园。1994年至2000年是奠定基础阶段，在这个阶段不仅基本完成了首期8平方公里的基础设施建设，还完成了中新苏州工业园区开发有限公司的股比调整，中方财团股比由35%调整为65%，中方承担公司的大股东责任。2001年至2005年的跨越发展阶段，园区进入了大动迁、大开发、大建设、大招商、大发展阶段，在苏州工业园区开发建设十周年之际，一个国际化、现代化的工业园区已经初具规模。2006年至2011年是转型升级阶段。苏州工业园区开发建设十五周年时，已经取得了地区生产总值超千亿、累计上交各种税收超千亿、实际利用外资折合人民币超千亿、注册内资超千亿等"四个超千亿"的发展成就，并形成转型升级的完整体系。从 2012 年开始，苏州工业园区进入了高质量发展阶段。2013 年，苏州工业园区确立了争当苏南现代化建设先导区的发展目标，全面实施镇改街道，高水平推进区域一体化发展，开启了深化推进改革创新的新征程。于 2019 年 9 月 1 日开启中国（江苏）自贸试验区苏州片区的建设。2021 年 1 月 27 日，苏州工业园区实现国家级经开区综合考评五连冠，在国家级高新区综合排名中位列第四，创历史新高！

回顾苏州工业园 28 年的发展历程，无论从总量还是速度来看，所取得的成果都是令人瞩目的，这已经成为一个国际合作的典范。

1. 创新引领产业新布局

近年来，苏州工业园区产业规模保持高速增长，2020 年产业总量达到 11 972.9 亿元，其中工业总产值达到 5311.7 亿元，服务业销售收入达到 6661.2 亿元，"十三五"期间复合增长率达到 9.7%。

围绕"2+3+1"（两大支柱产业 + 三大新兴产业 + 现代服务业）特色产业体系，园区初步形成"点面结合"的布局态势。首先以"面状"布局为主的是两大主导产业（即新一代信息技术产业和高端装备制造产业）和现代服务业。2020 年，园区新一代信息技术和高端装备制造规上企业总产值分别达到 2082.2 亿元和 1749.2 亿元，主要集中在高端制造与国际贸易区。2020 年，园区完成服务业增加值 1499.5 亿元，科技服务和信息服务主要集中在独墅湖科教创新区，金融服务、商务服务和商贸服务主要集中在金鸡湖商务区，现代物流主要集中在高端制造与国际贸易区，文旅服务主要集中在阳澄湖半岛旅游度假区和金鸡湖商务区。

以"点状"布局为主的是生物医药、纳米技术应用、人工智能三大新兴产业。2020年园区三大新兴产业分别实现产值1022亿元、1010亿元、462亿元，主要集中在独墅湖科教创新区内的生物医药产业园、纳米城和人工智能产业园等重点载体。

针对"十四五"产业发展，我们的思路是坚持"高端突破、多元融合、创新赋能、跨越发展"的基本原则；以靶向发力为手段强化产业内核，立足"2+3+1"特色产业体系稳扎稳打，聚焦关键领域、关键技术、关键产品，打造一批标志性卓越产业链；以整合提升为路径拓展产业外延，抢抓新一轮科技革命和数字化浪潮的"时间窗口"，促进实体经济与新技术、新场景、新业态、新模式融合发展，培育一批爆发式经济增长点；构建形成"2+3+1+X"现代产业体系，打造全球领先、成群成链的高端化产业高地，为建设世界一流高科技园区、一流自由贸易试验区和面向未来的苏州城市新中心提供强劲动能。

力争通过五到十年的努力，在"2+3+1"产业体系基础上新培育形成2～3个重点支柱产业，产业知识密集度、信息集成度和业态融合度进一步跃升，发展质量和效益达到世界先进水平，成为我国建设制造强国、科技强国、数字中国的重要战略支点。

在产业布局上，园区将统筹重大生产力、重大基础设施和公共资源布局，以梯次配置为导向，构筑"四大功能区—重点产业园—重点载体—合作园区"多层级梯次配置、协同联动的产业空间格局。

第一层级是将四大功能区打造成高端化产业发展主阵地。围绕

"2+3+1+X"现代产业体系，更加注重谋差异、促融合、强能级，加快集聚高端要素和创新资源，布局一批符合世界一流高科技园区、一流自贸试验区功能定位的重大产业项目，培育一批享誉国内外的龙头企业、国际知名的创新品牌矩阵，合力建设享誉全球的高端化产业高地。

第二层级是将重点产业园打造成高能级项目集聚主平台。瞄准产业链价值链关键环节，更加注重高位求进、高端突围，布局一批高科技产业项目、新兴产业上市企业项目、现代服务业项目和总部项目，构建各具特色、错位发展的高精尖产业体系，打造园区高端化产业高质量发展的重要增长极。

第三层级是将重点载体打造成创新型资源转化活力区。把科技创新放在核心位置，更加注重创新链、产业链集成融通，以创新链带动产业链，加快推进空间集约利用和产业转型升级，促进重点载体联动发展，加强规划协同、产业结对、功能衔接，带动产业链、创新链上下游企业和机构集聚，打造最具发展活力、最具竞争优势的产业生态圈。

第四层级是将对外合作区打造成园区产业生态循环的重要组成。坚持中新合作共建苏州工业园区的政治初心，更加注重有限空间、无限发展，以"共建新型产业集群、共担重大战略任务、共谋高质量发展"为主要合作内容，全方位加强苏州市域合作园区建设，打造一批园区产业非核心职能转移集中承载地，深入推进长三角合作园区共建，实现产业深度对接、集群发展，积极拓展"一带一路"沿线合作园区新空间，以"园区经验"输出贯彻落实国家重大发展战略。

2. 数字创新发展战略

园区以"数字赋能、产业融合"理念为引领，紧抓新一代信息技术创新发展契机，深入实施数字经济创新发展战略，全面推动产业数字化。我们将着力推进新技术、新模式、新业态与实体经济深度融合，充分发挥数据作为关键生产要素的倍增效应，加快推动全要素数字化转型。我们关注前瞻性，将加速培育产业数字化应用新场景，为推动建设世界一流高科技园区提供强力支撑。

创新发展战略的第一项是将深化制造业智能化改造和数字化转型。充分发挥园区制造业体量大、基础好、服务资源丰富的优势，摸清企业需求，落实政策保障，精准宣贯引导，推动企业开展智能化改造和数字化转型，持续维护和提升产业竞争力。深入实施智能制造伙伴计划，发动园区各方力量，加快园区制造业智能化改造和数字化转型建设，促进制造业高质量发展。

创新发展战略的第二项是园区将加快电子信息重点产业发展，这包括集成电路产业和新型显示产业。

对于集成电路产业，在材料方面要发挥"一中心一集群"优势，鼓励重点项目加快落地。在设计方面，要支持国产 EDA 设计软件开发，支持敏芯 MEMS 先进特色工艺研究院等项目建设，推动优质企业成长壮大；在晶圆制造方面，支持和舰芯片扩产项目，鼓励其释放更多产能用于本地化服务；在封测方面，鼓励重点企业整合产业链上下游、探索建设产业园项目，稳固封测领域领先优势。加快推进纳米所加工平台、中科集成、微纳制造等公共服务平台升级改造，降低集成电路企业运营成本。

对于新型显示产业，要紧抓产业更新契机，发挥园区先发优势，聚焦"原材料—面板—模组—整机—设备"产业链生态补链强链，充分融入长三角新型显示产业集群协同发展。

创新发展战略的第三项是大力推进关键数字技术产业发展，其中包括工业互联网、区块链和智能网联三个领域。

在工业互联网领域，我们要全面打造工业互联网网络、平台、安全三大体系，夯实新型基础设施支撑服务能力，从而推进垂直行业平台建设，拓展融合创新应用能力，增强安全保障能力，目的是提升技术产业创新，探索培育工业互联网新应用、新标杆、新模式。通过推进工业互联网融合应用试点示范，打造工业互联网标杆工厂，建设稳定高效的产业供给体系，推进工业互联网产业生态不断壮大。对于区块链，我们要实施六大创新试验举措：一是以基础设施创新试验，推进区块链底层平台建设及完善；二是以应用研发创新试验，推动行业应用解决方案研制及融合标准研发；三是以场景落地创新试验，实施创新应用场景试点工程，形成示范效应；四是以产业发展创新试验，规划结构层次合理的区块链产业结构，形成产业集群；五是以生态培育创新试验，促进区块链技术与政务、制造、金融等行业对接，实现应用创新试验对外赋能；六是以人才培育创新试验，推进实用型人才培养平台建设，形成多领域人才培养体系、多行业应用课程体系。

基于场景需求牵引推动区块链与云计算、大数据、物联网、5G等技术融合应用，重点推进数字金融、智能制造、政务服务、供应链管理、能源互联网、数字资产交易等场景融合创新，强化区块链与生产性服务业结合，探索推进区块链服务网络建设，鼓励现有企业积极采用区块链技术降本增效。

在智能网联领域，则要：

- 推动跨界合作，实现协同发展。全面推进产学研用合作机制，引导优势企业、高校院所在智能网联汽车产业的关键节点加大研发力量，不断完善智能网联汽车创新生态体系，将苏州工业园区打造成为具有全国影响力的产业技术创新基地。
- 强化招商引资，鼓励创新升级。针对园区智能网联汽车产业现状，重点招引产业薄弱链环企业，补齐上下游产业链、引进、培育一批对园区智能网联汽车产业链有增补提升作用的重点企业。
- 加快测试应用，促进产业发展。充分发挥市场在资源配置中的主导地位，通过积极参与国内重点先行先试项目，为智能整车和智能零部件提供多方位的研发测试服务，以应用带动创新，加速创新发展。

创新发展战略的第四项是打造数字化应用重点场景，在数字贸易、素质教育、数字金融、数字文旅、数字医疗和数字社区六个场景中开展积极的探索，实现创新发展。

1）数字贸易。以数字技术赋能为主线，整合园区资源，支持发展数字贸易新业态、新模式，打造数字贸易试验和集聚区，探索特定区域内跨境数据流动分级分类监管模式、数据跨境流动安全评估和国际互联网差异化访问试点，促进跨境数据安全、有序流动。支持数字贸易发展，重点发展以软件与集成电路、大数据、金融科技等为代表信息技术服务贸易领域，以游戏、动漫、影视、数字营销等为代表的数字内容服务贸易领域，以生物医药与先进制造业的可数字化研发设计和技术服务贸易领域。打造数据贸易基础设施，依托苏州国际互联网数据专用通道、"服贸通中新数据专线"，探索、深化在数字互联互通领域的国际合作。

2）数字教育。以数字化、智能化手段赋能教育教学改革，实现环境智能化、资源个性化、应用常态化、治理精准化，创新构建新型教与学模式，实现以学习者为中心的"公平、优质、包容"的教育新生态。

3）数字金融。积极开展央行金融科技创新监管、小微企业数字征信、数字货币三大试点工作，以金融科技需求侧带动供给侧发展，集聚面向企业端的金融科技资源，助力金融业二次升级，构建"金融＋科技"核心驱动力，打造长三角金融科技创新与服务高地、示范与应用高地和人才与产业高地。

4）数字文旅。以"一流科技园区，新兴文化高地"为愿景，聚焦数字文化和内容版权两大主攻方向，积极发展动漫游戏、创意设计、影视创制、演艺娱乐等重点领域和关键环节，着力构建具有"金鸡湖"文化特色和核心竞争力的现代文化产业体系，将文化产业打造成为园区的突破产业、高峰产业，继续走在全市文化产业高质量发展前列，为建设世界一流高科技园区提供强劲有力的文化支撑。

5）数字医疗。加快5G、大数据、云计算、人工智能、区块链、物联网等新一代信息技术在诊前、诊中、诊后的技术赋能，推动疾病预防筛查、临床诊断治疗、术后康复护理的核心诊疗环节数字化转型及医师培训、医疗设备、辅助诊断、医院管理等配套环节的智能化提升，构建面向未来的数字医疗生态体系。

6）数字社区。坚持以人民为中心的发展思想，打造数字生活平台。通过红色管家、数字社区等平台整合资源、宣传引导、培育文化，达到凝心聚力、服务群众的目的，进而促进党建引领与社区治理的有机融合，实现社区的健康、有序、可持续发展。

3. 推动智能制造产业高质量发展

制造业智能化、数字化、网络化发展是传统制造业转型升级的重要方式，是工业经济迈向数字经济的必然路径。为推动园区制造业智能化改造和数字化转型，苏州工业园区启动了"工业互联网伙伴计划"。通过该计划的开展，将加快"5G+工业互联网"融合应用，用好园区创新优质的供给侧服务资源、协同资源，打造更优营商环境和亲商服务能力。

"工业互联网伙伴计划"的核心是汇聚四大合作伙伴。四大合作伙伴中，需方伙伴为园区有意愿、有条件开展工业互联网改造转型的制造业企业；服务伙伴由区内各类工业互联网、智能制造专业服务商及有能力提供智能制造服务溢出的制造业企业构成；政府伙伴由园区经发委牵头，联合园区各功能区及各类企业服务相关部门构成；协同伙伴由园区行业协会、金融服务机构、科研研发机构、培训教育机构、创新孵化机构、运营服务商等构成。

"工业互联网伙伴计划"凝聚伙伴企业资源，提供以场景开放、评估诊断、供需对接、学习培训为主的各项服务内容，持续提升需方伙伴"5G+工业互联网"转型经验理念及实践能力。为此，伙伴计划提供了四大服务内容。

第一个服务内容是推出场景开放活动，定时组织各方伙伴实地参观行业优秀场景，切身了解、感受优秀标杆案例。第二个服务内容是开展评估诊断，搭建"5G+工业互联网"线上诊断平台，方便企业快速自我评估；推出线下深度诊断服务，为企业免费提供现场咨询和方案制定。第三个服务内容是促进供需对接，牵头对接服务伙伴和协同伙伴，开展各种形式的资源分享与服务对接活动，同时为每家被诊断企业提供1对1的专场对接服务，深入引导企业"5G+工业互联网"改造方案制定和落实。第四个服务内容是提供学习培训资源，搭建"5G+工业互联网"伙伴云课堂，向各方伙伴征集优秀案例及资料进行公开宣传分享；与优秀协同伙伴合作，分人群为需方伙伴为主的园区制造业企业提供免费培训课程。随着"工业互联网伙伴计划"的开展，其服务内涵也在不断延伸。

伙伴计划自今年2月启动以来，受到企业普遍欢迎，已成为园区推动"5G+工业互联网"融合发展的工作总平台。首批伙伴招募已完成，含需方伙伴105家，服务伙伴70家，协同伙伴11家，相关参与企业达500家。我们的工作成效体现在以下三个方面。

（1）氛围持续浓厚

"工业互联网伙伴计划"已组织"走进标杆工厂""政策分享""行业交流"等主题活动超40余场，各类伙伴共同参与，发挥自身资源特长，建设"智改数转"生态氛围，各类行业活动线下受众企业批次达2000家。2021年7月，创新打造"5G+工业互联网直播间"，邀请伙伴企业优秀管理者分享实战经验，加快理念输出，线上浏览近万次。同时，园区紧抓长三角一体化战略机遇，智改数转走出园区，在上海张江举办活动，现场招募合作伙伴，不断扩大伙伴计划朋友圈。

（2）能力不断提升

"工业互联网伙伴计划"创新推出总经理级、中层经理级和基层业务骨干级三级业务培训，从人员能力培养出发，增强企业"5G+工业互联网"战略意识，提升企业转型建设能力，促进企业敢转、会转。2021年5月底，已联合区内西交利物浦大学、服务外包学院等高水平院校资源，推出首期"5G+工业互联网"线下集训班，为以伙伴企业为主的50家园区企业提供"5G+工业互联网"新视野，参训企业均表示收获满满；线上，推出伙伴计划云课堂，向伙伴企业征集分享专业课程超100项，培训参与近20 000人次，累计用户超2500人，形成工业互联网复合型应用人才培训交流平台。

（3）对接持续加强

除了供需对接活动之外，以企业诊断为抓手，不断促进"5G+工业互联网"供需对接。首期遴选优质诊断商企业为以伙伴企业为主的90家园区企业开展深度专业诊断服务，帮助企业一对一制定建设方案，并在诊断服务中将服务伙伴对接给诊断服务商，与诊断商服务能力形成良好互补，以企业专场对接的形式精准满足企业服务需求，第二期200家企业诊断服务招标已于2021年8月底完成。伙伴计划中上线了"伙伴计划供需对接库"，目前平台已对188家服务机构进行能力梳理与展示，"伙伴计划供需对接库"向全部园区企业开放，实现"服务菜单化"，加快技术方案、专业资源的有效对接与调度。

下一步，园区将按照"政府引导、市场为主、多方联动"的基本原则，以"数字基础设施建设、融合应用示范推广、技术创新能力提升、产业生态培育壮大和公共服务能力建立"为抓手重点发力。

在数字基础设施建设方面,主要加快实现 5G 精品网络区域全覆盖,推进数据中心扩容改造和绿色提升。在持续深化融合应用方面,扎实推进伙伴计划,持续深化场景开放、诊断咨询、供需对接、人才培训服务内容,切实引导企业推动改造项目建设。在强化技术创新能力方面,支持园区通信产业链上下游企业持续提升自身研发能力,加强技术标准攻关和融合产品研发,同时,大力推进园区日化、环保及光通信领域的二级节点建设,并鼓励园区"头部企业"接入标识解析体系。在培育壮大产业生态方面,激活资金链、人才链,打造新生态圈,形成更高水平的开放合作。一是用好园区总规模 100 亿元的政府产业引导基金和 20 亿元的天使母基金,支持"5G+工业互联网"重大项目、国家级科研院所、重点高等院校、国家重点实验室、国家制造业创新中心等在苏州工业园区落地;二是探索新型业务模式,鼓励各方探索 5G 网络及建设、运营、管理模式,加速运营商在垂直行业网络建设模式样板打造。在建立多层次公共服务方面,依托园区"数字政府"公共底座,联合各运营商、各有能力机构开发"5G+工业互联网"产业发展地图、供给资源池、诊断服务平台、人才培训平台、测试验证平台等各项功能,探索建设区域级服务平台,满足园区制造业企业智能化改造和数字化转型需求。

4. 人才是第一资源

我们始终坚持自立自强,完善既"全"又"精"的人才链条,贯彻落实习近平总书记"激发各类人才创新活力,建设全球人才高地"的重要指示精神,对标世界一流,加强重点人才集聚培养。因此园区需要加速人才制度突破创新，加快人才发展生态建设，激发人才创新创业的活力、激情。通过全面建设、引领高质量发展的人才队伍，瞄准产业转型发展主攻方向，从而支持领军人才扎根园区，为企业输送高端人才，助力企业做大做强。为了支持青年人才到园区就业创业，我们需要不拘一格引聚园区经济社会发展所需要的各类人才。

我们需要聚焦人才发展中存在的难点、痛点，准确把握各类人才成长发展规律。通过对标国内外先进地区，在园区内建立更具竞争力的海内外人才招引机制、更具推动力的人才培养机制、更加科学的人才评价使用机制、更加开放的人才区域合作机制，为集聚高质量人才队伍提供体制机制保障。为了全面打造国际一流的人才发展生态，园区聚焦人才干事创业、安居乐业关键环节，进一步健全了综合配套措施。通过加强高能级平台建设，推进高效能创新协同，提供高效益金融支持，打造高水平营商环境，完善高标准公共服务，让各类人才创业有机会、干事有舞台、发展有空间。

在长三角一体化的大战略下，我们努力让苏州成为更适合创业、生活的选择。一方面建立相应的制度在购房、租房方面解决人才的后顾之忧，另一方面在工业园区内提供更好的教育、医疗等服务，实现多层次的立体保障体系。对于人才的储备，我们始终将人才视为第一资源去培养人才、留住人才、应用人才，但是最重要的还是要靠政府的治理能力和服务的效率。

5. 展望未来，再登高峰

展望2035年，园区将率先基本实现社会主义现代化，并做到水平更高、走在前列，人均地区生产总值和居民收入均在2020年基础上实现翻一番以上，主要经济社会发展指标均达到世界先进水平，集聚辐射能力大幅提升，全面建成创新人才荟萃、创新主体集聚、创新成果涌流、创新活力迸发、创新环境卓越的世界一流高科技园区和世界一流自贸试验区。届时将全面建成具备科创策源、开放窗口、专业服务、时尚消费、文化交流、城市样本复合功能的面向未来的苏州城市新中心。园区未来发展的成功将体现在以下四个方面：

1）建成链接全球的全方位开放高地，成为世界看中国、世界看苏州的重要窗口。以中新合作为引领的国际合作深度和广度进一步提升，重点领域改革开放取得突破性进展，基本形成代表国家最高水平的开放型经济新体制，营商环境达到国际一流水平。

2）建成引领前沿的国际化创新高地，成为全球科技创新和投资服务的策源地。集聚一大批全球顶尖研究机构、世界一流创新人才，在部分学科领域、产业领域的研发创新具备领跑优势，具备基于自主创新能力的全球行业主导力。

3）建成享誉全球的高端化产业高地，成为国内外专业服务、时尚消费和文化交流中心。拥有一批享誉国内外的创新龙头企业、世界一流的新兴产业集群、国际知名的创新品牌矩阵，专业服务、时尚消费和文化交流功能高度发达，实现园区全产业链整体升级，部分产业步入世界领先行列。

4）建成系统高效的现代化治理高地，成为产城人文深度融合的高品质城市样本。率先实现社会治理体系和治理能力现代化，全面建成法治社会，公民素质和社会文明程度达到新高度，人民群众过上现代化的高品质生活，优质公共服务达到国际化水准，人的全面发展走在全国前列，碳排放提前达峰后稳中有降，绿色生产生活方式广泛普及。

再通过十五年努力,园区将实现产业经济、城市服务、居住生活、生态绿色、文化精神等特征有机融合,成为全球令人向往的魅力园区、韧性园区、智慧园区、美丽园区、幸福园区和平安园区。

4.5 工程建设行业

说起工程建设行业和建筑行业,大家往往会认为都是一些劳动密集型企业存在管理粗放、生产效率低、浪费严重等问题。虽然有一些施工机械,但是和数字化的联系仿佛很远。其实,数字化技术的发展并没有忘掉建筑行业。伴随着建筑行业一路蓬勃发展,从早期的 CAD 设计逐步过渡到 BIM 技术,使得建筑设计、施工和运营逐步建立起联系,早期设计阶段就已经将未来施工和运营的相关因素考虑进去,进行全方位的关联设计和效果模拟。随着网络化、数字化技术的应用,施工工艺、材料等逐步实现标准化,分析和管理水平提高,大大减少了施工过程中不确定问题带来的时间和施工浪费,提升了施工效率。另外,通过采用数字化技术,工程建设行业可以将施工过程与管理结合起来,实现数据互联、管理互通,进一步增强企业的内控管理。

以铁路建筑为例,在过去的铁路施工现场,一根 25 米长的铁轨要靠 25 个人扛到施工地点,遇山开隧道时要先用炸药开道,再一步一步掘进,每一条铁路成功通车的背后,都洒满了工人的汗水;如今的铁路工程现场,自动化设备早已取代了大部分的人力劳动,数字化技术的应用更实现了从项目管理到生产经营的全面转型。中国铁路施工方式的变化昭示着工程建设正在数字化技术的驱动下焕然一新。

在如今的铁路施工现场,数字化的场景越来越普遍。比如随手一扫高铁桥墩上的二维码，有关桥墩的详细信息就会立刻出现在手机屏幕上，不仅包括墩身、承台和桩基的参数及示意图，还包括参建方、监理方、技术和质量等相关负责人的单位及名字。大量数字化技术的运用，不仅让铁路建设更加透明化，也有效杜绝了工程质量上的造假。这种充满科技感的施工方式，昭示着中国传统基建行业正在悄然进行着一场彻底的数字化转型，并因此逐渐焕发出新的生机。

4.5.1 案例：打造基建新名片

企业：中国中铁股份有限公司（简称中国中铁）

访谈嘉宾：高峰，信息中心副主任、中铁云网信息技术有限公司总经理

在全球疫情冲击和传统基建行业增速放缓的背景下，中国中铁作为以基建建设业务为核心、全球最大的综合性建设集团之一，2020年前三季度的主要业绩指标依然实现了双位数增长。同时，在2020年《财富》世界500强排行榜上，中国中铁排名世界500强第50位，较2019年第55位上升了5位，首次进入世界500强前50强，创下了历史最好成绩。

这些成绩的取得自然离不开数字化转型的助力。数字技术推动中国中铁实现了从项目管理到生产经营的全面转型，提高了企业的精细化管理水平，保障了业务的可持续发展，进而提升了企业的核心竞争力。

1. 双重要求催生企业变革

中国中铁的数字化转型首先源于行业发展的必然要求。传统的基

础设施建设经历过去数十年的高速发展，行业产能逐渐趋于饱和，速度逐步放缓，对经济增长的带动作用逐步减弱，迫切需要向高质量、高潜力的方向转型升级，以实现持续增长。

与此同时，随着大数据、人工智能、5G、工业互联网等新一代技术的飞速发展，以数字基础设施建设及应用为主的新基建作为一项国家战略，也为传统基建行业的转型指明了方向。在新基建的赋能下，传统基建行业在完成升级改造后将迎来巨大的发展机遇。北大光华管理学院的统计数据显示，在未来五年时间内，新基建和传统基建数字化升级所带来的直接投资将会达到 17.5 万亿元，由此带动产业链上下游产业规模增加 28.8 万亿元。

其次，中国中铁之所以要进行数字化转型，也是出于企业自身发展的需求。自成立以来，中国中铁持续做大做强，并逐渐成长为以基建建设业务为核心，集勘察设计、施工安装、工业制造、房地产开发、资源矿产、金融投资等多元化业务于一体的全球领先的综合性建设集团。中国中铁先后参与建设的铁路占中国铁路总里程的 2/3 以上，建成电气化铁路占中国电气化铁路的 90%，参与建设的高速公路约占中国高速公路总里程的 1/8，建设了中国 3/5 的城市轨道工程。

伴随着中国中铁业务体量的不断扩张和全球化布局的加速，传统的 IT 架构已无法支持业务的持续扩展，也无法做到对业务需求的快速响应，运维管理成本急剧上升，系统的灵活性和扩展性有待加强，资源的利用率也较低。转型升级和提质增效迫在眉睫。无论是中国中铁的内部管理，还是生产过程的方方面面，都迫切要求用数字化手段来创造一个现代化的管理新模式。

2. 双管齐下破解转型难题

传统行业的转型虽然是大势所趋，但是转型过程并不容易，充满着重重困难。对于身处传统基建行业又拥有央企巨舰身份的中国中铁来说，则更是如此。一方面，行业本身缺少标准化，不同的业态千差万别。地铁、机场、高速公路、码头等都还没有形成统一的建设管理标准，并且各个省市也不一样，比如北京地铁和上海地铁就不一样，而且各个地铁公司的管控模式也不一样，造成了企业自己在多业态数字化实施上的各种壁垒。

另一方面，从中国中铁自身来说，数字化转型最大的难点在于如何打破企业中的各个"数据孤岛"。早期中国中铁的信息化由各业务部门自主推动建设，局限于财务、人力、成本等各垂直领域应用，由此导致了数据孤岛林立。比如说我们的人员分布，不仅涉及 HR 系统，也会涉及 OA 人员组织机构、成本管理、核算机构人员、劳务队伍人员、工会会员、党组织人员管理等，所以一个人可能在多个系统都有身份。由于一开始并没有和唯一身份绑定，没有统一的编码，所以连想数清楚人头都不容易。当一个人调离了公司，这个系统清除了相关数据，但别的系统还存在相关数据，不能产生联动。类似这样的问题就会给企业造成很大的安全风险。正因为如此，中国中铁对实现全局化管控、精细化管理有着迫切的需求，而要实现这一点，顶层设计和技术支撑都必不可少，二者双管齐下，形成合力，才能推动数字化转型向纵深发展。数字化转型已经进入了深水区，30% 靠技术，70% 靠管理的变革。

为此，中国中铁着力从顶层设计抓起，从规范标准入手，制定了一套"三横三纵三条主线"的信息化发展规划。三横指的是底部基础设施层、中间的应用层、上面的辅助决策层。三纵就是管理类从上至下、业务类由下而上、创新类以点带面。三条主线是灵魂：第一条主线是，想办法让企业的所有管理流程通过信息化手段去落地，只有运用信息化的手段和工具，才能不折不扣地提高我们的管理执行力；第二条主线是，让所有数据成为企业的战略资产，以前都是把数据直接交出去，无论交给业主还是沉淀到项目部，总之数据就流失了；第三条主线是，所有决策不能靠经验，而要靠数据辅助科学决策，要靠知识图谱、大数据分析去辅助企业更科学地预警、预测、预判。

新华三凭借着百行百业的实践经验和丰富多元的数字化解决方案，精准洞悉到中国中铁的业务需求，在中国中铁的数字化转型中发挥了技术支撑的作用。比如，中国中铁与新华三合作打造的"中铁云"，全面应用了新华三的服务器、存储、防火墙、交换机、云管理、虚拟化平台等云计算产品及解决方案，满足了中国中铁在研发、生产及经营管理过程中对海量数据的收集、传输、存储及处理需求，成功实现 IT 资源的云化管理，提高了运维效率，保障了业务的连续性和可持续发展，成为央企上云的示范性"样板"。

目前，在中国中铁的云平台上，运行着 2000 多套业务信息系统，基本实现了主要业务领域的信息化全覆盖，支持用户上线量 23 万人，日处理公文量 5 万件，日收发邮件 300 万封，日办结业务量 30 万件。共享云全面承载中国中铁各子分公司和海外机构以及项目部的管理运作，为各类应用平台提供支持，支撑公司全球化布局和"数字中铁"向"智慧中铁"迈进。

3. 双向能力驱动长效发展

数字技术的助力虽然可以提升企业精细化管理的水平，但并不意味着企业自身的数字化能力得到了提高。换句话说，企业的数字化转型关键要培养自身的数字化能力，包括数字化的组织结构、数字化的团队、数字化的人才，这样才有利于企业的长远发展。

中国中铁也前瞻性地意识到了这一点。中铁云网信息科技有限公司（以下简称中铁信科）应运而生，作为中国中铁旗下全资子公司，担当着中国中铁数字化转型"中坚力量"的角色，以敏捷化的创新发展引领企业整体的数字化战略，逐步沉淀中国中铁的数字化能力。当前企业数字化走到深水区，仅靠一个信息化管理部门或完全依靠社会上的外部公司是远远不够的。我们必须培养一支长期忠实于企业、服务于企业、随着企业共成长的专业化团队。传统企业，特别是传统的国有企业，要想搞好信息化公司，体制、机制的创新很重要。像中铁信科就是要带头破冰的，带头管理创新、思维创新、技术创新、能力创新、机制创新，从而激活整个企业。

从成立之初，中铁信科就引入了互联网公司的一些做法，希望做成体制内互联网公司的一个试点。比如在用人机制上，既任用体制内的员工，也采用市场化选聘、契约化管理的方式，吸引优秀的年轻人才进来，使得人才梯队做到能进能出、能上能下，以此激发干事创业的活力。员工中，90后占比约30%，80后已经成为核心中坚，70后占比很少。因为未来的互联网是年轻人的世界，知识更新快、竞争激烈、学习力强，所以我们要年轻化。面对年轻人不喜欢被束缚的特点，中铁信科导入作为中央企业的责任担当、讲规矩、有感情、实事求是的体制优势,让年轻人逐渐形成一种归属感和文化认同,从而提高使命感和忠诚度。

中铁信科的作用也很快显现了出来,企业内部的创造力被充分挖掘和放大,尤其是带动基层人员发现一线业务场景上的实际需求,进而推出潜在的数字化应用,为企业创造巨大价值。在施工现场我们推出一个产品叫随手拍,现场发现的任何安全生产质量问题,都可以拿起手机拍张照片上传上来,后台人员将其统一处理,甚至有一些好的方法也会反馈到业务部门,从而改善流程。

当然,中铁信科所能释放的价值还远不止于此。在最初的设想中,中铁信科就是要培养一种双向能力,不仅要服务企业内部能力的提升,也要对外赋能,推动整个行业共同提高数字化水平和能力,为行业的长远发展做出自己的贡献。

数字化的本质就是开放、共享,所以我们不能闭门造车,一定要有更开放的心态,与合作伙伴实现共赢,不仅要学习别人的优秀经验,也要敢于将自己的经验分享出去,形成一个良性发展的生态圈。

4.6　数字乡村

2019年5月,中共中央办公厅、国务院办公厅印发《数字乡村发展战略纲要》,其中明确提出"数字乡村是伴随网络化、信息化和数字化在农业农村经济社会发展中的应用,以及农民现代信息技能的提高而内生的农业农村现代化发展和转型进程"。2021年7月中央网信办、农业农村部、国家发展改革委等7部委组织编制了《数字乡村建设指南 1.0》，其中也指出"我国广大农村地区自然条件差异大、发展水平不一、优势特点各不相同，各地区应在充分把握中央有关乡村振兴总体要求的基础上，综合考虑本地实际，因地制宜、分类推进数字乡村建设，重点参考指南中适配本地资源禀赋、信息化基础和经济社会发展水平的场景内容，逐步探索出具有本地特色的数字乡村发展路径，为推进乡村全面振兴提供有力支撑"。

在近几年的数字化乡村推进过程中，数字化已经开始让广大乡村有了一些新变化。看病方面有专家远程视频问诊，24小时在线开具电子处方；办事方面可以"一键求助、一步不跑"；出行方面有智能公交、共享单车来保障"最后一公里"的便利；教学方面有人工智能应用来提升智慧教育水平……如今在数字技术的助力下，这些高科技场景不仅在城市生活中随处可见，在中国的一些乡村里也正在变得触手可及。

总体来看，数字乡村建设是一个持续推进、不断演化的过程。伴随着数字乡村建设发展进程，涌现出很多优秀的模式和路径。

4.6.1　案例：数字化赋能未来乡村

机构：浙江省衢州市柯城区沟溪乡余东村

访谈嘉宾：陈国刚，衢州市柯城区沟溪乡党委副书记

在以农民画为特色的浙江省衢州市柯城区沟溪乡余东村，村民纷纷化身为网红，借助电商直播对外销售农民画、周边产品、农特产品

等,"躺着"也能赚钱;举办网上画展,利用全息影像构建数字艺术空间,让更多人通过"指尖"欣赏农民画……数字化变革正为村庄的发展注入新动力,让农民增收变成现实。2020 年,余东村农民画及文创产品产值超过 1500 万元,带动村民人均增收 1 万余元。

在乡村振兴的主线下,打造数字乡村势在必行,但一切数字化应用都要因地制宜,更要以人为本,以村民需求和实际痛点为导向,最终要实现的目标是乡村振兴和村民富裕,提升老百姓的幸福感。

1. 乡村困境呼唤数字化变革

近些年来,移动互联网、云计算等新一代信息技术不仅掀起了新一轮的产业革命,推动城市数字经济的飞速发展,也不断改变着城市居民的生活。不过,广大乡村里的情况却截然不同,种种现实困境摆在乡村发展的面前。

比如年轻人流失导致"空心化"问题日益凸显,老龄化问题日益严峻,如何满足老年人的物质和精神需求?医疗资源相对不足,就诊程序烦琐,如何解决村民看病的难题?城乡教育资源不均衡问题长期存在,如何让乡村孩子不出村就能享受与城市同等的优质资源?等等。总之,在城乡发展不平衡的现状下,治理挑战不断加大的乡村迫切需要一场彻底的数字化变革,来弥合城乡之间巨大的数字鸿沟,打破城乡二元发展格局,为乡村引入线上医疗、教育等优质公共资源,让乡村享受与城市同样的便捷生活。

对于变革前的余东村来说,要面临的现实问题还远不止这些。作为以农民画为特色的乡村,余东村还有一个迫切需要解决的大问题是，如何让农民画村保持活力，做大农民画产业，做强农民画旅游，增加集体经济收入。作为中国十大农民画村之一，800多人的余东村里从事农民画的村民就有300多人。"白天扛锄头，晚上拿笔头，卧室当画室，门板当画板"，描述的就是村民创作的场景。不过，光靠传统的卖画模式，其收入还无法实现村民共同富裕的目标。数字化转型为解决这一问题带来了新的想象力，成为创造线上创业、就业机会和实现村民家门口就业的有效手段。

率先意识到数字化转型价值的余东村快速投入到未来乡村的建设工程中，自2020年9月项目启动以来，余东村以村民需求为导向，让数字化变革服务于村民的全生命周期，也为乡村的未来发展注入了全新的动力。

2. 数字大脑助力乡村经济全面发展

数字化赋能让余东村发生了翻天覆地的变化，从改变传统治理模式、提升村庄治理水平，到满足村民的核心需求、解决长期存在的民生问题，再到破解乡村产业困局、助力乡村发展振兴。总之，数字化转型让余东未来乡村的面貌变得切实可感。数字乡村建设的本质是要服务于人民，最终要实现乡村美、农民富、产业兴，而余东村也正是按照这个思路来做的。

有了数字化的赋能，余东村在乡村治理上如虎添翼。以河流水位监测这个典型的场景为例，以往在河流汛期来临的时候，都要靠值班人员24小时盯守，而如今，数字化手段的应用解决了实时监测的难题，一旦水位超出安全范围，水位监测器会及时发出警报，提醒工作人员赶到现场采取安全措施，这对缓解安全压力起到了很大的作用。

类似的场景还有很多。比如余东村开通了"有礼积分系统",对积极反映问题、参与治理的村民和游客,给予一定的信用积分奖励。村民可以用积分兑换相应商品,游客可以用积分享受食宿优惠,如此一来就提升了人们维护村容村貌的积极性,使得村民、游客都成为智慧治理的"哨兵"。

在健康场景中,余东村建设的 24 小时自助智慧健康驿站能够满足村民查询健康自画像和全生命周期健康档案、预约挂号、申请签约家庭医生等自助服务;微医"智能医务室"则可实现专家远程视频问诊、24 小时在线开具电子处方,通过外接设备可采集体温、血压、体重等数据,还可检查血糖、尿常规、心电图等,解决村民常见的医疗健康问题。

当然,更值得一提的是,赖以生存的农民画产业也因为数字化转型而有了更多新的发展思路:用全息影像等手段对农民画展现方式进行创新,打造出新的数字化艺术空间,让更多人了解、感受余东村的绘画艺术;研发农民画丝巾、农民画陶瓷杯等 90 余种文创衍生产品,并开发农民画网上交易平台,实现百姓不出村即可产品售全球;研发农民画手机主题、壁纸,进行网络销售,农民画家"躺着"也能赚钱;搭建网上直播平台,培育本土直播网红,举办直播培训,组织线上带货等。越来越多的村民从白天扛锄头、晚上提笔头,成长为新时代农民画家,而且从卖画拓展到卖版权、卖文创,并带动了研学游、餐饮、民宿等产业的全面发展。

在种种创新实践的背后,余东村的数字大脑功不可没。在新华三集团的助力下,余东村打造了富有自身特色的一体化、智能化大数据平台——"乡村大脑",通过整合发改局、农业农村局、文旅体局、民政局、教育局、卫健局、医保局、区大数据中心等多家单位,实现信息互联、数据共享,并以此开发文化、健康、教育、养老等系列特色应用,服务村民的全生命周期,有效打通未来社区基层治理、公共服务的"任督二脉"。2021年5月,余东乡村大脑被浙江省数字产业发展联盟评为数字乡村最佳实践案例。

新华三拥有完整可靠的技术解决方案,余东村则对自身在文化、健康、产业、风貌、交通等诸多场景中的痛点具有更深刻的认知,双方是优势互补的关系,共同制定整个乡村的数字化发展方案。这也是"新华三数字乡村战略2.0"[①]的核心要求。在帮助余东村打造"乡村大脑"的过程中,新华三从战略2.0出发,致力于通过构建乡村数字基础架构,搭建云上的融合集成支撑平台,打通乡村各个应用场景中的丰富数据,面向方方面面的现实需求提供个性化的方案,为余东村的数字乡村建设进行整体的赋能,同时通过持续运营来探索适合余东村本地的可持续发展模式。

3. 以乡村联盟推动共同富裕

如今,数字化变革提升了余东村百姓的获得感、幸福感,让余东村走上了高质量发展的道路,走在浙江省乃至全国数字乡村建设的前列,成为浙江省的一张新名片、全国乡村未来社区的示范点。新华三

---

① 新华三数字乡村战略2.0强调"一县一云一产业,一乡一脑一特色,一村一屏一品牌",其中,"一县一云一产业"表示以农业产业互联网作为数字化载体,打造连接所有涉农主体和产业链各个价值环节的运营服务平台;"一乡一脑一特色"表示打造乡村数字能力中心,助力产业特色鲜明、人文气息浓厚、生态环境优美的特色乡镇;"一村一屏一品牌"表示智慧云屏实现政务服务直达农户,信息惠民,数字化赋能乡村产品高质量发展,打造"一村一品"示范村。

还在余东村建立了数字乡村研学基地,基于余东村敢为人先的智慧转型经验,探索数字化与乡村场景融合的创新空间。

不过一村的富裕并不是真正的富裕,余东村需要将自身的经验共享给更多乡村,推动更多乡村的转型和发展;当各个乡村充分发挥合力,才能最终实现共同富裕的目标。

为了推动一个未来乡村带出一批未来乡村,实现各个村庄优势互补、资源共享、联动发展,2021年9月,以余东村为龙头,共9个村结盟的未来乡村联盟正式组建起来。联盟成立后,各个村庄都将聚焦自身的文化特色,把村庄串点成线、聚线成面,携手打造文化产业带,在项目建设、产业培育、产品销售等方面实现9个村抱团发展。

与此同时,为了让所有村民参与到未来乡村联盟建设中来,9个村还建立了"联席会议"制度,吸收村民代表参与,共商共议、共治共享。通过未来乡村联盟的统一运营、集体分红,实现共赢共富。在2021年国庆小长假期间,余东未来乡村联盟吸引游客量超8万人次,带动餐饮、文创产品、采摘游和研学露营体验等相关产业收入超600万元。

但是,新的问题也接踵而至。例如国庆期间大量游客的到来造成了史无前例的交通拥堵,让余东村意识到交通数字化的必要性。之前我们一直认为数字化交通是属于杭州等大城市的,小乡村是不需要花那么多时间、精力和财力去做这件事的,现在我们发现并不是。另外,考虑到投入成本,乡村发展数字化交通也不能照抄大城市的模式。

当然,在数字化方面,除了城市和乡村之间存在很大的差异性,各个乡村之间想要在数字化变革方面实现共同发展也不是一件简单的事情。各个乡村在数字化程度、实际需求等方面都有着很大的不同，余东村的做法并不能完全复制到其他村。怎样能够让其他村低成本地打造属于自己的乡村大脑，是我们未来要考虑的问题。实现数字化的关键是要因地制宜。

4.7 教育行业

线上办公、线上教学、线上学习、"云毕业答辩"……高校的教学、管理、科研、服务等活动，在疫情下虽然显得格外特殊，却又不失原有的风采，在一定程度上，这要得益于近年来学校在信息化建设方面打下的坚实基础，以及学校信息化建设利益相关方的主动应变。当前，教育信息化从 1.0 向 2.0 时代过渡，实现教育行业数字化转型已成为教育界的普遍共识。在这个关键过渡期，优秀企业正在积极协助教育行业提高信息化意识，努力帮助学校解决信息化建设长期遗留的痛点、难点问题。随着人工智能、大数据、云计算等技术的应用，教育信息化进入以服务和数据为中心的 2.0 时代。原来，各自为政的信息化系统形成一个个信息孤岛，彼此不能自由共享数据，不能进行关联分析，因而无法形成有价值的应用。特别是随着系统产生的数据量增长，原有的计算与存储资源已经无法承载越来越大量的数据和分析任务，学校跨部门办事效率低，师生体验越来越差。

2018 年，教育部印发《教育信息化 2.0 行动计划》，其中提出到 2022 年基本实现"三全两高一大"的发展目标，着重强调要建成"互联网＋教育"大平台，以及探索信息时代教育治理新模式等。2018 年 12 月召开的中央经济工作会议中，把 5G、人工智能、工业互联网、物联网定义为"新型基础设施建设";在2019年、2020年的政府工作报告中,均将新型基础设施建设列为支持重点。这些政策和举措,为我国教育信息化发展指明了方向,营造了良好的发展条件,创造了"提档加速"的新空间。在新基建、教育信息化2.0政策的催化之下,信息技术将与教学、管理、科研等校园核心业务深度融合,建设一体化智能服务大平台,为师生提供无处不在的学习资源与宜学宜居的学习、生活环境,为学校治理体系与治理能力提升提供动态、科学的有力支撑。

在高校即将迎来"十四五"发展新时期之际,教育信息化建设呈现三个方面的转变。一是建设模式转变。过去,高校信息化建设大多数处于各个部门割裂的状态,存在着重复建设、信息孤岛的现象,进而出现了学校各个部门难以形成合力的难题;现在学校则更加关注顶层规划、统筹建设和协同配合。二是建设价值转变。过去,高校信息化建设强调支撑作用;未来则强调对教学、管理、科研、服务的引领作用,这是破解学校发展瓶颈的重要保障。三是建设理念和目标转变。过去,高校信息化建设是管理驱动的建设目标;现在"互联网+"时代则是向以人为本、以数据为中心、以服务为目标转变,强调数据驱动及师生体验感,强调获得感、安全感和幸福感。

4.7.1 案例:打造智慧校园需要内生驱动力

机构:华南理工大学

访谈嘉宾:陆以勤,副首席信息官、网络安全和信息化领导小组办公室主任随着 5G、大数据、移动互联网、云计算、人工智能、物联网等技术的创新和突破，信息化的创新应用加速实现与各种行业场景的深化融合。对教育行业来说，在信息化的驱动下，传统的教育模式、科研活动、学校管理、公共服务等发生了翻天覆地的变化，智慧校园、智能教育正在成为现实。最显而易见的场景是，如今的一些大学校园里，人脸识别门禁、小程序隔空开门、多屏互动的智慧课室、自助结账的机器人、全息课堂……各种"烧脑"高科技已经变得稀松平常，这背后正是信息化的力量在发挥作用。

信息化给教育行业带来的价值当然不止于此。在华南理工大学，智慧网络的布局营造出更加数字化、个性化、智能化的学习环境，极大地提升了校园服务、治理、教学、科研的效率，也加速了因材施教、素质教育理念的实施，使其成为教育信息化发展的新典范，为中国高校向智慧化时代跃进提供了具有参考价值的示范。

面向未来的人才需求，打造智慧校园、发展智能教育是大势所趋，但在这个过程中困难也不可避免。最大的难点在于如何打通学校中的一个个"信息孤岛"，融合各类数据，实现整体联动、流程优化。技术上的支撑是基础，但不能彻底解决问题，更关键的地方在于做好顶层设计，构建一套良性的运行机制，形成一种内生的驱动力来推动学校信息化水平的提升。

1. 智能教育是大势所趋

随着人工智能等前沿技术的深入应用，在就业市场上，机器取代人的声音不绝于耳。世界经济论坛发布的《2020年未来就业报告》称，到 2025 年，自动化和人机之间全新的劳动分工将颠覆全球 15 个行业和 26 个经济体的中型及大型企业的 8500 万个工作岗位，与此同时机器人革命也将创造 9700 万个新岗位。分析思维、创造力和灵活性将成为最为需要的顶级技能，而数据和人工智能、内容创造和云计算将成为顶级新兴职业，"未来就业时代"已然到来。正因为如此，从就业的源头来说，高等教育的变革势在必行。新的教育培养机制需要专注于对学生创新精神、创造能力和创业意识的培养，才能更加满足未来就业市场的多元化需求。全球范围内的各大高校都在努力应对这一项重大挑战，通过加强跨学科融合、产学研深度结合等举措，着力培养符合时代需求的新型人才。

中国自然也不能落下。为了提升国际竞争力，中国高校在数字技术的助力下，正在全力推进教育信息化转型，从打造智慧校园入手，通过信息化手段实现教育和资源服务的全面普及和智慧教育的创新发展，最终目标是培养学生的创新思维，培育前瞻视野和实践能力相结合的优秀产业人才。

信息化既是现实的需要，也是战略的需要。一方面，现实环境下，师生在教学、科研、管理中对于优质的信息化资源和高效的信息化服务有着强烈的需求；另一方面，从战略层面来说，学校未来核心竞争力上的提升也对信息化提出了要求。就拿刚完成一期建设的华南理工大学广州国际校区来说，它对智慧校园建设有着特殊的需求。该校区的定位是从学科布局上瞄准世界科技前沿，开展重大基础研究和高端人才培养，进行关键核心技术攻关。学校要求信息化建设要支持数据密集型科研范式，以支撑跨学科交叉研究；支持多元化教学模式和各种现代化教学手段改革，重视个性化教学，提供各种学术交流和教学互动的物理和虚拟空间；同时，应用系统采用国际化应用平台构建业务系统，支持书院管理和国际办学模式的业务对接。因此，在校园建设中，广州国际校区需要更高标准的信息化解决方案。

2. 以数字大脑打破信息孤岛

在新的时代需求下，全国各大高校都在如火如荼地开展智慧校园建设。不一样的是，华南理工大学的信息化并不是刚刚起步，而是建立在一定的基础之上。事实上，华南理工大学很早就开始了信息化建设，并且自建校以来就始终以超前的建设理念及先进的技术应用走在全国前列。作为理工见长的高校，华南理工大学早在1978年就成立了教育技术中心，开始探索电化教学；1994年成为最早向原国家计委提交CERNET项目建议书的6所高校之一；2012年牵头承担国家发改委下一代互联网专项，在广东省开展绿色无线智慧校园的建设；2016年华南理工大学建设面向公共服务的云平台，被评为"2016高校信息化创新奖"教育云的典型案例；华南理工大学开发的LBS移动应用于2013年9月被中央电视台作为校园典型应用加以介绍，它开发的"数字迎新系统"于2017年9月得到中央电视台新闻频道的报道，它开发的"IamOK健康状态在线填报系统"于2020年2月16日得到中央电视台节目《战疫情特别报道》的报道。

以华南理工大学的校内公共服务云平台为例，它的建成破解了高校在提供云服务实践中的诸多难题，将华南理工大学推向了全国校园云建设的领先位置。传统上很多研究型高校倾向于自建私有云为校内师生与各科研、管理单位提供公共服务，但是在校园私有云平台服务流程中，存在着快速交付与部署能力不足、部门管理能力较弱、安全防范体系脆弱等问题。华南理工大学构建了新型的校内公共云——

涵盖云资源申请、审批、自动部署、迁移、停机等完整生命周期管理的开放式平台。该平台兼容 VMware，支持 SDN、VxLAN、服务链等云网络和云安全技术，满足 VDC、VPC 等高级云用户需求，也满足了学校对服务内容与使用流程的全部要求，包括快速交付、简单运营、安全无忧等。

不过，早期信息化建设的快速发展也为如今的信息化转型留下了一些问题。工科院校的一个特点是技术力量和开发能力比较强，在最早的信息化阶段，各个部门基于自身的需求和技术力量单独开发，学校也把投入分散到各个部门，因此开发是一种自下而上的模式，这在当时也客观上推动了信息化的进程；但由于缺乏整合、共享和联动，不可避免地造成了众多的信息孤岛。然而现在要建造智慧校园，需要实现数据交换、共享和融合，业务流程优化，各部门系统联动，这个过程中就产生了很多痛点、难点。为了解决数据共享问题，华南理工大学从 2012 年开始建设数据交换中心，并在此基础上建设了网上服务大厅和一张表工程。但这离智慧校园还很远。首先，大数据分析和人工智能应用不仅需要数据交换，还需存储带有时间戳的数据切片；其次，这仅仅是业务系统的数据，智慧校园还需要采集物联网数据、教学和科研活动的数据，并对各信息化子系统采集的数据进行转换、标准化、融合等处理，形成智慧校园的核心数据，在此基础上构成智慧校园应用的各类功能组件，如地理系统、地图引擎、BIM 模型、位置信息、视频分析与身份认证等，提供人员、设备、资产、车辆、资源、时空、组织、事件等主题库，并提供 API 集成拉通。这相当于打造一个"数字大脑"，就像人的大脑一样，可以把各种神经系统收集来的庞大数据进行存储、融合、处理。"智商"提高了，决策的水平也就相应提升了。

基于这种智慧网络解决方案，华南理工大学在广州国际校区部署了密集的物联网节点、通信节点和强大的数据中心，使校区具备了处理物联网、校园网、业务系统和科研/教学活动数据的能力。校区的中央监控平台已实现对 20 个专业系统的数据进行采集、存储、分析、深度学习等，形成综合的校区数据，再通过各系统数据关联分析和业务协同，实现安防联动、应急事件响应、绿色节能、智慧课室、师生综合评价、学生个性化指导等复杂应用，从而基于数据驱动校园业务的智能演进。采集数据需要载体，它相当于智慧校园的神经系统，也就是校园的网络系统。针对这一需求，华南理工大学搭建了强大的校园网络系统，分为校园网、智能业务网、数据中心网络、基于软交换的电话网四个网络，在网络结构上使用 SDN（软件定义网络）架构，同一物理承载网上构建二层（或三层）隔离的多业务融合专用网，利用 SDN 动态调整网络资源的特点解决潮汐流量问题，并借助 SDN 集中控制的特点实现快速部署、动态扩展，满足信息化建设周期要求。安全管理策略上采用面向业务的分组模式，通过安全组进行统一管理，实现各种高级、复杂的策略控制功能。

3. 以顶层设计形成内生驱动力

技术难题的解决当然只是一方面，更关键的是从体制机制上做出变革。要让全校在整体战略框架下协同发展，加强顶层设计必不可少。自下而上与自上而下要平衡，二者要结合起来。因为部门更清楚自己的需求，所以要鼓励各个部门参与信息化建设，允许有基础的部门承担信息化的任务，但是建设的过程中要做好标准化，这就需要总体的统筹，要建立一种跨部门的协调机制。相反，如果仅由信息化部门统一建设所有的信息化系统，就不存在数据打通的问题，但这样又会产生需求得不到满足的问题。为了加强顶层设计，增强信息化工作中的统筹和协调作用，华南理工大学为此在全国高校之中率先设立了专职的副首席信息官（副 CIO）。事实上，根据教育部发布的《教育信息化"十三五"规划》的精神，CIO 一般由校领导担任，而根据干部管理机制，校领导需要由教育部任命，这样一来就涉及原有的校领导编制数问题。考虑到学校没有权力任命一位定位为校领导的专职 CIO，但又基于 CIO 对于学校改革发展的重要性，华南理工大学采取了折中的做法，在自身的职权范围内任命了一个专职的副 CIO，不涉及校领导职数的问题，也能满足实际工作的需要。

副 CIO 的设立有利于推动华南理工大学信息化顶层设计工作的开展和整体的战略部署，团结学校信息化的各类力量，再加上技术手段的支持，长期以来存在的数据不畅通问题被逐步解决，各个部门开始实现了数据共享和业务流程优化。信息化带来的最显而易见的成效就是实现了"信息多跑路、师生少跑腿"。师生们从重复、琐碎的工作中解脱出来，能够有更充足的时间投入到教学科研，实现价值创造。比如，2020 届毕业生全部使用"电子报到证""电子协议书"，就业协议书填报、鉴证、改派业务、报到证等均可在微信端办理，从而避免了许多重复劳动，减轻了很多工作量。

信息化也催生了一些有趣、好玩的校园体验。2020 年 7 月，华南理工大学依托数据中台的数据集成、治理、管理、挖掘及运营能力，将全校各个平台的信息资源整合在一起，为本科毕业生打造了一份专属的"电子成长档案"。它以个性定制为核心，通过大数据技术手段，整合了学生在校的多方数据，以生动活泼的微场景插画定制 H5 页面形式，一幕幕呈现学生个人在校的点滴回忆，覆盖"我"从初入校门到毕业告别的全过程。这份科技满满又温暖走心的"电子成长档案"一经推出，访问量就超过3万人次，上千名同学留下了令人泪目的毕业感言。同时，在社会上也收获了广泛的关注，在推出当天引发上百万观众纷纷点赞，几十家媒体争相报道。信息化带来的价值当然不止于此，更为深层的是，信息化推动了教学方法和教学模式的改革，让学生的个性化教育成为可能。个性化教学为什么在现代的高校里很难做到？首先因为资源比较缺乏，其次，个性化教学要挖掘学生的个性，然而这个要靠信息化的手段来实现。如今，有了大数据、人工智能，可以完整地记录学生和教师整个教学、学习活动的轨迹，有针对性地为学生设计学习活动，推送有效的学习资源，挖掘和激活学生的兴趣，从而实现传统教育因为师资短缺而无法实现的"因材施教"的个性化教学。教师也可以通过数据分析和回溯，获取课堂整体教学质量的评估，并适时调整教学方式及进度。

不过只有这些还远远不够，离实现真正的智慧校园还有距离。毕竟，智慧校园的建设是一个复杂的系统工程，要将信息化与教育教学深度融合，就需要深入了解教育的规律，需要全体师生共同参与进来，营造一个人人参与的信息化环境。

当前华南理工大学面向师生不断开放各种数据资源、网络资源等，希望为师生搭好台，让他们唱好戏。这种机制极大地激发了学生们的创造力，各种创新应用得以快速涌现出来，在学校建设中发挥了巨大的作用。

比如，华南理工大学的学生创新创业团队完成的基于业务数据的即时消息个性化推送系统——"华工信使"，已经成为全校最大、覆盖面最广的社交媒体账号及消息推送方式，它在疫情防控期间也发挥了重要的作用，学校的措施、通知、通告等都可以借助这一系统及时有效地推送给师生。同时，为了便于学校及时和精准地了解师生的健康状况、当前位置信息和变化情况等，鉴于社会上的问卷、调查系统填报和统计功能不满足统计上报要求，华南理工大学还在2020年春节期间联合校友创新团队紧急开发了IamOK健康状态填报系统。

归根结底，要以师生为中心，形成共同建设智慧校园的力量，并把这种力量转化成内生的驱动力。一旦这种驱动力形成，它就会变成学校的核心竞争力，推动学校的发展上升到一个新的台阶。

4.8 制造业

我国在数字经济已经引领全球的背景下，在实体经济上的发展仍然受限于中高端发展不足的弊端，在很多领域受到了国外厂商的制约。中美贸易博弈中便凸显了国内在高端制造业方面的巨大不足，这将影响今后政府、企业重新思考和布局。2020年10月召开的十九届五中全会通过了《中共中央关于制定国民经济和社会发展第十四个五年规划和二〇三五年远景目标的建议》，其中指出"提升产业链供应链现代化水平。保持制造业比重基本稳定，巩固壮大实体经济根基"。

在5G、工业互联网、大数据中心等新基建的快速发展之下，制造业作为实体经济的重要组成也将迎来新的发展机遇，其创新效应和产业关联将带动经济整体高质量发展。2019年中国数字产业化的增加值为7.1万亿元，而产业数字化的增加值为28.8万亿元，其中农业、工业、服务业数字经济的渗透率分别为 8.2%、19.5% 以及 37.8%。与服务业相比，制造业的数字化进程仍有较大空间，渗透率有望在"十四五"期间得到进一步提升[注]。

从前两次工业革命造就的大规模工场，到数字化、智能化时代的现代化工厂，制造业在数百年间迈向了智能运营的新阶段。但是，在这段漫长的历程中，采购、供应链、仓储、物流等部门各自为政的信息化改造带来了系统之间多头管理、相互隔绝的问题，而僵化落后的 IT 架构也带来了运行效率低下、运维成本高等问题，无法根据市场需求变化进行柔性生产，各个分支机构和总部之间也无法实时共享数据。

在数字化转型、工业 4.0 的驱使下，主动求变的制造业迎来了自身向智能化迈进的百年关口：自我感知、自我治理、自我进化的智能工厂，让柔性化、智能化、个性化的制造模式成为可能。新华三集团是智能制造的推动者，也是智能制造的实践者，现在它正在通过积极推动制造流程的重塑和变革，完成向智能工厂的转型实践。

4.8.1 案例：数字化转型最终落实在人的转型

企业：西门子数字工业业务运动控制事业部制造工厂

访谈嘉宾：杨泽萍，中国区首席信息官

2020 年春节复工之后，西门子数控（南京）有限公司（SNC）的

[注] 可见毕马威的《百舸争流："十四五"规划行业影响展望》。

工厂内出现了一些新变化。普通人或许很难发现其中的不同，但在 3 个月后，这家工厂减少了一条表面贴装生产线，工作效率反而提升了 20%。在工业生产领域，提高用工效率、设备效率一直是企业追求的重要目标，工业 4.0、工业互联网等概念因此成为该行业的热门话题。西门子作为工业 4.0 联盟组织的重要成员，在数字化工厂建设方面经验颇深。目前在国内，除成都数字化工厂外，南京数字化工厂也已进入最后的建设阶段，投产后，产能将增长 2 倍多，人员效率至少提升 20%，单位面积产出增加 40%，产品上市时间缩短近 20%，同时柔性制造能力大大增强。SNC 工厂如何通过数字化建设实现这样的制造能力升级？工厂的数字化需要转变哪些管理思维？

1. 精益思维，数字化提升生产效能

精益管理思维起源于 20 世纪 80 年代末，其核心目标是简单、快速、持续地提高效率、品质，缩短交货期，减少浪费。随着技术的进步，数字化手段正帮助制造业达成这一目标。原本，在 SNC 工厂内有 6 条电路板表面贴装（SMT）生产线，贴片机本身的自动化程度已经很高，但是否还有提升生产效率的空间？ SMT 生产线是由不同的设备组合而成的，激光刻字、丝印、焊接检测、贴片、回流焊、自动光学检测，不同工序所需的时间并不一致，设备生产厂家不同，往往导致一条生产线上不同设备的利用率并不相同。比如瓶颈工位设备利用率已经达到 70%，但有些设备的利用率只达到 40%，那么整条生产线的利用率也会相应降低，需要进行设备或工位的重新配比。以往为了解决这一问题，工厂会请工程师人工计算设备的节拍，再通过演算进行配比。但现在，设备本身的操作实时数据通过 Valor 制造执行套装系统（MES）汇集在一起，然后根据精益生产的原则和公式，通

过仿真程序模拟不同的参数配置进行工艺仿真计算,并通过系统对多条线设备的自动综合排产计划,就可以将生产线调整到最佳状态。目前这套系统上线时间还不长,性能优化还在第一阶段,不到 3 个月,SNC 就减少了一条生产线,而且产量还比原来增加了 20%。后续阶段我们还将进一步优化流程,在原材料的管理和质量管理上还有提升的空间。

2. 透明思维,人的经验输入数字大脑

SNC 从十几年前开始就陆续引进了一些先进的系统,使得我们从比较原始的人工和纸面管理,往计算机控制的系统上发展。这一过程的本质,是将人的经验变为数据,从而实现经验的透明、可见,以更好地指导管理决策的过程。同时,将产品数字化、研发过程数字化、生产过程数字化,为数字孪生提供了可能。

以生产线的操作为例,工人完成某一项作业的熟练度就是经验的体现,但实际上每一项作业的时间是有数据标准的。我们引进了动素测量的机制,把所有的动作拆解,一项作业可能拆解成 10 个、20 个动作,细致到将手移动到目标位置是一个动作,拿到元件之后手举起来是一个动作,旋转工具是一个动作。每个动素在国际标准中都能找到相应的时间标准作为参考,形成不会受到太多人为干扰的操作时间值的基准,改变原来人工线上掐表的主观数据,更科学地评判工艺流程的合理性和工人的熟练度。有意思的是,我们是一个全球化生产企业,如果英国工厂和德国工厂做同一个产品,当不同国家的工厂做比较时,则有时会发现这个国家的工厂用了 20 个动作,而那个国家的工厂用了 22 个动作,这时我们就可以去分析、优化。当现场管理精细到这种程度，必然需要数字化能力的支撑。数字化带来的价值是数据驱动的管理决策，不是一个拍脑袋的想法，或者仅仅是根据经验的预估。靠经验去判断，你会有一些感觉，但对于重大的决策和改变，因为没有数据的驱动，决策不准确的风险就会非常大。西门子作为一家有着170多年历史的企业，今天仍然屹立在世界百强前列，科学决策、管理能力与时俱进一直是重中之重。

如今，数字大脑已成为工厂的核心，现在离开网络，离开各种数字化系统，生产、研发、物流都会寸步难行。在这种情况下，SNC对数字化的软硬件能力的需求也再次升级，不再单纯锚定供应商的品牌效应和价格，而从产品、技术、服务、灵活性等层面进行综合筛选，为数字大脑的建设打好设备与应用基础。如果产品本身质量很靠谱，又有一套健壮的监控体系，且应用软件非常灵活，那么这样的产品对我们来讲当然更好。国内很多企业的产品愿意跟随着客户的需求迅速改变，这方面是非常好的，我也正在努力把国内一些好的产品和解决方案介绍到总部去。

3. 数字思维，从设备转型到人的转型

建设数字化工厂的过程中，人们很容易将数字化单纯地理解为设备的自动化和数字进化、决策工具的数字化。颇为热门的"黑灯工厂"理念便是如此，它认为在极致自动化的未来，工厂可以不需要人的参与。但人机结合才是未来发展的大趋势，柔性的需求越来越多，可自定义的产品的出现会挑战工厂的生产模式。互联网去掉了很多中间环节，从用户的需求到工厂的生产和交付，这条通路会越来越短。世界不停改变，数字化工厂最大的价值不在于把工厂打造成无人

工厂，而是要打造成可以跟上社会和技术变革，更具柔性、更高效、更高质量的工厂。人的地位在数字化工厂中依旧重要，在许多企业的数字化转型过程中，面临的棘手问题都是与人相关的问题（不理解数字化的目标与重要性导致数据归集工作无法推进，不具备相应的技术知识储备导致数字化应用无法落地实践等），所以企业需要推动人的数字化意识，让员工养成关注数据、应用数据的习惯与能力。为此，SNC 推出数字化竞争力理念，推动蓝领、白领员工的数字化。在生产现场，通过自动化的商业智能（BI）平台透明的数据展现、细致深入的多方面数据评价维度，原本由各种因素造成的问题被充分暴露出来，生产流程被理顺，工作效率得以提升，蓝领员工的薪资体系也进行了相应的改革。这样之后你就发现，大家开始更关注数据的来源、逻辑和质量了。目前，在 SNC 的业务部门中，IT 部门主要的责任是提供和维护数据的平台和技术方案。业务部门（譬如财务、采购、生产部门）中，都由其员工自己应用数字化的工具和技术进行分析。我们能看到各部门的数据分析的量级和水平在飞速提高。因为这是各业务部门的舞台，只有自己才知道自己要什么，通过自己对数据的深入分析，才会理解数据的价值。它的意义不仅仅在于员工 IT 技术能力的提高，更主要的是，它会改变员工思考问题的方式。

质的变化正在发生。如今，SNC 各部门在招聘人员的时候，基本都会对数字化软件的应用能力加以要求，一些业务部门甚至会要求员工具备一定的编程能力。那么当全员具备数字化能力的时候，企业的 CIO 与 IT 部门又该承担怎样的角色？在内部，我们将这种角色叫作合作伙伴（Business Partner）。IT 部门要具备咨询、支撑，甚至驱动业务数字化的职能。IT 部门因为和信息技术的发展最贴近，对于数字化技术的趋势变化也应该是最敏感的。IT 部门应该保持足够的好奇心和学习能力，充分了解企业的业务痛点和发展方向，不断尝试新的技术和方案，把好的、适合企业的新技术及时带给大家，告诉业务部门可以有哪些选择，让业务部门自己在这些选择中创造价值，成为业务部门数字化技术上最可靠的伙伴。目前，SNC 的 IT 部门在研究如 Mendix 这种低代码应用开发平台，帮助业务部门更好地实现快速增长的业务目标。

2021 年，SNC 新工厂即将投入使用。在工厂正式落成之前，工程师就已经利用数字孪生技术，在数字化平台上搭建了新工厂的业务架构，完成虚拟生产和调试，预先发现问题并加以解决。另外，因近年来 SNC 全员数字化竞争力的构建，人们越来越深入地理解了这种数字化理念，从研发开始到产品制造、物流运输、产品服务，数字化思维已经深入到了工厂的每一个环节，这时整个工厂才是一个数字化工厂。

Chapter 5 | 第 5 章

落地数字化转型

随着最近几年业界对数字化转型的关注,企业或组织当下关心的问题已经不是需不需要做数字化转型,而是如何开始数字化转型,并且能够让数字化转型达成预期的目标。由于数字化转型受到多种因素的影响,因此,其对于企业或组织而言是一个复杂的系统工程。对于如何开展转型以及开展转型可能面临的一些挑战,我们将把思考与实践相结合来展开一些探讨。

5.1 解惑数字化转型

在数字经济迅猛发展的当下,大家一致认可已经进入了数字化时代。企业或组织在思考数字化转型时,也会存在一些疑问,从而影响相关的决策。这里我们列出了一些对于数字化转型的疑问,对这些问题的分析能让我们更好地梳理出该如何看待数字化转型。

第一个问题：数字化转型是否只有大型企业或者机构才需要关心？

我们认为，数字化转型的目的是实现业务优化升级和创新发展的系统性变革，因此，企业或者组织的规模并不是数字化转型的先决条件。不同的规模只会影响数字化转型的战略和具体举措，而不能成为是否开展数字化转型的决定因素。针对不同的规模和发展阶段，我们可以看到企业对数字化转型关注点的差异。

对于大型企业或者机构而言，往往已经过了较长时期的发展，拥有了一定的市场份额，并且建立了相应的生态体系。但是，大型企业或者机构往往出现部门墙厚、效率低、决策周期长的问题，在面对多变的市场竞争时感觉惯性大而灵活性不足。在规划数字化转型时就自然而然会把提升效率作为重要的举措，进而强化敏捷性组织文化的打造，使得企业或者机构对于需求能快速、灵活地响应。

对于中小企业或者机构而言，往往面对的挑战在于体量较小因而抗风险能力较弱，市场占有率也较小。为了在竞争之下寻求发展，中小企业或者机构对于连接更多的客户和合作伙伴的诉求更高。因此，借助数字化手段打开市场并迅速响应需求成为数字化转型的关键。此外，从企业发展类型的方面看，业界已经出现很多非线性成长的企业，这些企业能够在很短的时间内高速发展起来，往往体现在它们在创建初期就打上了很深的数字化烙印。

第二个问题：数字化转型是否需要在具备充足资金支持的情况下才能进行？

数字化转型所涉及的数字化平台构建、数据分析与加工等确实需要相应的资金投入，但是对于资金投入的总量并没有硬性的要求。在资金有限的情况下，企业或者机构可以在对数据安全进行评估后，利用公有云等资源启动相关工作的开展。利用可以利用的各种低成本资源构建原型，或者承载部分低敏感业务，实际上是更加合理的选择。

我们需要破除刻板思维的局限——认为只有大投入才能带来大产出。例如阿里巴巴的钉钉和来往，在资金、技术和人才都非常充足的情况下，来往并没有成为攻城略地的利器，反而黯然离场，但是钉钉在各方面都不利的困境之下，却成功占据智能移动办公平台的高地。从中可以看到，能够针对特定用户需求的产品创新才是决定成败的关键。对于资金投入的需求，不能等待全部到位之后才采取行动。

第三个问题：数字化转型是否只有高层管理者才需要关注？

数字化转型对一个企业或组织而言，是涉及面非常广泛的变革管理。高层管理者在转型中承担了战略制定、推进变革等重要的工作，但是中层管理者和基层员工也都承担着不同的责任。

中层管理者是数字化转型战略的重要力量，需要积极发挥灵活的战术思维来贯彻战略的落地，还需要积极投身到数字化文化的构建中，主动去影响和带动员工拥抱思维的转变。

基层员工在日常的工作中虽然主要是执行角色，但是往往也是创新、创意的重要源泉。因为作为数字化平台和工具的最终使用者，基层员工往往能够在一线切身体会到内外部的痛点和困境，所以只要提供相应的激励与支持，他们就能够带来非常重要的贡献。要想达成最佳的效果，组织需要提供有效的反馈机制，从而让员工的想法能够上达。

第四个问题：企业已经遇到了经营困难，是否还要考虑进行数字化转型？

针对这个问题，我们需要明确企业所面对的经营困难的具体情况。如果是所在行业整体萎缩或者被其他行业颠覆，那么企业不想坐以待毙就一定要寻求转变。此时企业在思考转变时，数字化就成为一个需要重点考虑的课题，因为无论是产品/服务的转型，还是追求新的市场空间，数字化都可以在产品创新、营销创新和商业模式创新方面给予有力的支撑。

如果企业经营困难是自身原因导致的，例如企业内部效率低下或者产品/服务不能应对市场竞争，那么企业想要脱离当前的困境，就需要重新审视整个价值体系，确定主要问题是出在价值创造、价值传递、价值支撑的哪一个层面，并制定相应的转型策略。例如，如果因产品竞争力不足而陷入价格竞争的困局，那么就应该考虑借助数字化手段升级产品，塑造鲜明的差异性或者抢占特定的细分市场。对于内部效率低下问题，则建议企业首先对业务流程进行重建，在消除严重内耗的同时利用数字化手段提升内部分析和决策的效率。

企业在经营困境下寻求数字化转型需要对资金与资源的投入审慎分析，一方面要圈定与关键挑战直接对应且能力所及的范畴；另一方面要极为关注项目的时效性，优先看重近期成效，集中精力去尽快达成一些快赢（Quick Win）。

第五个问题：数字化转型是否交给 CIO 或者 IT 部门来负责就足够了？

由于数字化技术在数字化转型中起到非常重要的作用，所以很多人会自然而然地认为数字化转型交给 CIO 或者 IT 部门来负责就可以了。但我们需要强调的是，数字化转型并不只是 IT 一个部门的工作，而是牵涉业务、运营、研发等各个部门的工作，因此，不能简单地认为只要把这个工作交付给 CIO 就可以了。

在我们之前所做的某些访谈中，确实有些企业选择让 CIO 来担任首席数字官或者数字化转型官，但是我们要看到这种认命赋予了超出 CIO 职责范畴的授权。接受这项任命的高管直接向首席执行官汇报，其职责是负责与企业管理层共同制定数字化战略并具体推进数字化转型的进程。因此，一方面要有相应的授权来协调和调度相应的资源，另一方面也需要在特定问题上接受管理层的支持与指导。

总体而言，数字化转型并不是一项单纯依靠 IT 部门就能够完成的工作，如果 CIO 承担数字化转型工作，就需要获得管理层专门的授权与支持。从我们访谈的案例中看到，有些企业在数字化转型中会开展流程重构，这就需要业务部门共同参与才能取得成果，而单纯依赖 IT 部门则无法取得预期的效果。

第六个问题：数字化转型是否就是对信息化的深化？

信息化兴起的背景是随着 IT 产业的崛起，计算机开始替代大量原本依靠人工完成的工作，于是信息系统的建设让工作效率获得了显著的提升。随着信息化的不断普及与发展，企业的需求不仅仅局限于信息系统的升级与完善，而是更多地开始思考商业模式以及产品 / 服务的创新和生态体系的拓展与优化。面对这些新的诉求，已经不能单纯依靠信息化来实现。因此，相比于信息化而言，数字化是在 IT 产业领域覆盖面更加宽广、影响程度更加深刻的系统性变革。

数字化不仅是对效率的提升，而且为企业提供了更加广泛的能力提升。通过新的能力构建，才能使企业进一步实现质的改变，寻求向指数型企业的发展。以汽车为例，信息化建设使得汽车的制造和营销效率得到显著提升，但是人工智能技术的兴起使得自动驾驶技术不断发展，这将从根本上颠覆汽车的使用方式，最早拥抱这种转变的公司将在下一轮的竞争中抢占先机。

第七个问题：数字化转型是否可以很快达成立竿见影的成效？

数字化转型对于企业而言是一项复杂的系统工程，需要企业面向未来，合理规划数字化转型战略后逐步推进多方面的变革，因此不应抱有一蹴而就的心态。业界对于数字化转型并没有一个现成的模板供企业直接套用，因此，企业需要深入分析外部影响因素并对自身充分地审视，才能制定出符合企业特点的转型策略。

数字化转型是一种变革，因此不是简单采购或部署一套技术平台就能达成最终目标的。在数字化转型中，除了对数字化技术的应用，也涉及相关人员的思维转变和能力培养，因此，也需要给这些人才提供成长的周期和支持。再者，现今的世界处于一个技术发展日新月异、理念模式不断涌现的时代，企业在推进数字化变革的过程中，还需要不断结合外部的变化及时修正和迭代自身的业务，所以企业为了追求长期的发展也不应该受限于短期目标。

第八个问题：缺乏数字化相关的专业人才是否就无法开展数字化转型？

虽然专业人才在数字化转型中能够起到非常重要的作用，但是并不意味着人才的不足就会成为企业开展数字化转型的阻碍。企业具备充足的专业人才固然是最好的状态，但是更多的情况是，企业或多或少都存在一些专业人才的短缺。从现实情况出发，企业在开展数字化转型时，可以在外部人才的支持下开启相应的工作，借助外部机构和专家的能力开展相关的咨询和辅导，在实践中培养自己的专业人才。

我们对位于长沙、南京、青岛等城市的企业进行访谈时，也曾问过访谈嘉宾对于人才的看法。他们一致的观点是，自己所在城市确实不如一线城市对人才有更大的聚集效应，于是他们都在自身人才培养上投入了很大的精力，在借助外部机构和专家开展相关工作时，都会积极安排内部的人员不断学习与提升。这里重要的一点就是，企业管理者要秉持成长型思维来看待自己的团队，为团队成员的成长提供足够的支持。即便在实际工作中人才能力的不足可能会导致一些错误，但是鼓励人员从错误中吸取经验、在磨炼中成长，最终让组织的能力得到明显的提升。

第九个问题：大数据和云计算热潮涌起的时候企业没有及时跟进，现在是否不具备开展数字化转型的基础？

数字化技术是数字化转型的基础，但是并不表示在转型之前就必须已经成熟应用这些技术。数字化转型的目的不在于对热门技术的应用，而在于从业务发展的视角来思考如何以创新的理念指导企业在不同的领域开展转型工作。即便企业之前并没有在大数据、云计算等方面开展有效的工作，在规划数字化转型战略时也能够梳理出具体的场景和要求，提出今后的技术路线图，并付诸实践。

第十个问题：有些文章讲，很多数字化转型都失败了，企业是否还需要推进数字化转型？

在如何看待数字化转型失败的问题上，企业的着眼点应该是去跟踪和分析转型失败的经验与教训，而不应该因为他人的失败就因噎废食。企业之所以要进行转型，并不是因为转型必然是一条坦途才轻松上路，而是在内外部环境的影响下做出的选择。这是一条充满挑战的道路，因此需要企业的管理层对数字化转型有坚定的信念作为支撑，能够调动企业的整体潜力来砥砺前行。

在我们开展的所有访谈中，大家都提到的一个关键要点就是决策层对于数字化转型战略的坚定贯彻与执行。转型必然涉及组织和人员的调整，甚至也会形成某些利益的冲突，这就需要企业在开展数字化转型时，不仅要对技术、流程和模式进行转变，还需要营造相应的文化氛围和价值取向，让所有人员都能够接受改变并积极进取。

5.2 数字化转型路径

数字化转型对企业而言是一条机遇与挑战交织的奋进之路，引领企业在这条道路上砥砺前行的就是企业对成长和蜕变的坚定诉求。因此，企业需要对自己的目标有明确的定义，不受内外部纷杂信息的干扰。对于数字化转型不能急于求成，更不能放任自流，所以，需要对转型过程有思考、有规划。

综合借鉴业界相关的思考与实践，我们提出如图 5-1 所示的转型路径图，梳理数字化转型的主线并探讨各个阶段的重要举措。

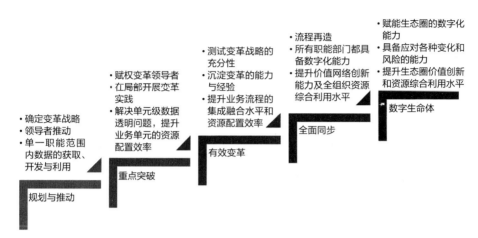

图 5-1　数字化转型路径图

数字化转型的过程也是组织内能力不断提升的过程，所以我们也结合成熟度的考虑将其分为五个阶段，分别为规划与推动、重点突破、有效变革、全面同步和数字生命体。由于数字化转型是伴随着企业或组织日常运营而同步开展的，所以企业在不同领域的成熟度和提升速度会有所不同。该路径图作为一个参考，能够让管理层了解并评估企业的当前能力和关键点，并对后续的重点与提升也有明确的认识。在具体的执行中，应该采取迭代式执行方式来推进具体的每一个项目，让企业在保证战略决策坚定推进的同时，也能够灵活应对具体环境、要素等动态发生的变化。迭代式执行与成长型思维相结合，也能够有效地让相关人员在实践中高效地达成目标并不断地总结与成长。

5.2.1　规划与推动

作为数字化转型的起点，最重要的是制定数字化转型战略，从而为后继各项工作的开展提供方向指引。战略决策的制定是一个极为关键的活动，需要企业管理层充分考虑宏观与趋势、行业与市场的发展、客户特点以及企业自身的因素，从而明确未来发展的策略并确定在竞争中的卡位。

对于宏观与趋势的分析，企业管理层需要综合分析政策法规、宏观经济形势、社会文化以及技术进步等四个方面，从而使得数字化转型战略的规划能够顺应时代的发展，形成较好的"借势"效应。在分析行业与市场的发展时，则需要从行业需求特征、行业供应特征、进入壁垒、价值链分析、行业成功要素等多个维度进行分析。在明确了市场需求和增长模式、价格趋势、行业突变及其可能的影响、潜在的正向或者逆向整合机会等问题后，才能洞察市场的机遇所在。对于客户特点的分析，则需要对用户群体进行细分，评估客户在什么情况下才会购买自己的产品与服务。随着互联网高度渗透以及90后消费群体不断壮大，消费者对于产品的需求在注重品质的基础上更加看重品位、个性化和便利化。商业客户则更加看重供应商所提供产品的集成效能、技术领先性以及所对应的服务和保障能力。对于自身的审视，企业可以利用SWOT模型，从优势、劣势、机会与威胁四个维度进行分析。

在规划方法上，数字化转型的战略与企业以往开展战略规划的方法相同，只是在其中需要把数据及数字技术作为一个重要的因素予以考量，需要战略制定者具备一定的数字素养。高管的数字素养重点在于理解数字技术带来的各种可能性，认可由技术驱动的创新能力，以及重视对数据价值的发掘与利用。公司高层有责任推进企业的数字化建设，并支持数字技术的发展和应用。

战略之难不在于知，而在于行。专注于行动，是战略的真相。管理层在数字化转型中的另一项重要职责是根据战略规划来设计达成数字化目标的转型策略，并全力以赴地突破转型中的障碍。为了推进数字化转型，企业高层也需要通过多种手段让员工了解并认可转型的目标和必要性。例如，在企业文化中加入数字化和拥抱变革的要素，通过文化建设的手段影响每一位员工，并配合对员工素质素养的提升，让更多的人能够投身于变革中，并乐于跳出固有的思维和舒适区，从而进行创新。

在这个阶段也要为数字化转型的后续阶段夯实基础。以数据管理为例，各个职能部门都需要掌握必备的数据管理和分析能力，能够围绕本部门的业务完成数据的获取、开发与利用，并基于对数据的分析有效地指导决策的制定和支撑效率的提升。

5.2.2　重点突破

数字化转型是企业或组织的一次系统性的变革，需要所有职能部门都在所制定的战略指引下开展各项变革举措。但是从可行性角度出发，企业或组织不能采取百花齐放、齐头并进的态度来推进数字化变革。这里的现实考虑主要有三点：第一，企业或组织的资源投放会太过分散，"撒胡椒面"式的投入很难在一个周期内看到成效；第二，大量的项目和工作并行开展对管控和协调带来了很大的挑战，可能导致顾此失彼的局面；第三，即便在某个领域遇到的错误和问题最终被解决并加以经验总结，但是在其他领域可能已经因为类似的问题和错误而造成了损失，试错的成本太高。

因此，高层管理者应该对数字化转型的目标进行优先级梳理，优先达成其中重要性和迫切性较高的目标。此外，还需要对各个职能部门的基础和能力进行评估，从而确定在哪一个局部开始推进变革实践。第一方面先从局部开展变革实践，对于组织的好处一方面在于风险可控，变革带来的风险与问题只在有限的范围内；第二方面是对企业或组织自身的能力等有更加客观的了解，在此基础上对今后全面变革的节奏和速度有更加准确的估算；第三方面则是在局部变革的实践中，能够在问题解决的过程中总结和沉淀经验与知识，并且也能够检验人才的实力与短板，从而指导人才梯队的能力提升。

数字化转型最难的不是做出转型的决定，而是如何让转型能够按预设的目标持续推进，不会半途而废。企业或组织的数字化变革需要有专人来担任首席数字官或者数字化转型官这样的战略性职务，在其带领下通过加强企业内部、外部供应商与客户之间的关系互动和数据流动，推动企业传统组织方式、运营模式与数字化技术的融合。作为数字化转型的直接负责人，他们需要得到充分的授权，使其在组织的各个层面都能够具有相应的权限推动变革并对效果进行评估。而管理层不仅需要对数字化转型的短期不确定性保持足够的耐心，还需要为他们提供足够的支持去克服各种障碍。

在确定了局部开展变革的部门或团队后，需要对数字技术进行分析与评估，结合业务视角去发现哪些技术能够给业务带来颠覆性的创新。在这些部门或团队开展各项实践的过程中所收获的经验和最佳实践，将为企业/组织的全面变革提供极具价值的参考与指导。

在数据方面，需要进一步推进数据管理的标准化。在部门级数据分析的基础上，重点解决数据透明的问题，实现跨部门的数据开发。基于明确的数据访问控制，实现不同部门之间的数据共享与访问。基于数据湖等手段，实现数据的集中采集、清洗与加工，为更多维度、深度的数据分析，以及数据中台的建设打下坚实的基础。

5.2.3 有效变革

在重点突破后，企业或组织已经在商业模式及产品/服务创新、业务流程优化、数字文化打造等某些领域开展了很多工作。管理层需要对其成效做相应的评估，从而检验数字化转型的成效。通过对成果的分析与判断，能够让管理层对数字化转型策略的有效性和充分性有深入的洞察，并且也能够对相关人员的能力和经验有更加准确的认知。对组织的成长有了清晰的了解后，就能够有的放矢地对后续转型策略进行积极有效地修正。

在这个阶段，企业或组织将开启全面的变革之旅，所有的职能部门都将投身变革之中。为了保证变革的充分性，需要从整体来规划项目组合，从而实现系统性转型。基于对组织能力的客观评估，要对项目数量和速度有更加合理的规划，而且经过重点突破的实践，已经为数字文化的打造做了充分的准备，能够为创新提供有益的环境氛围。

变革的充分性也体现在对新思维、新工作方式等的全面包容和支持上，让企业或组织能够激发员工的创新意识，并且能够为创新提供破茧成蝶的土壤。随着精益创业、敏捷开发等思维和开发模式融入技术人员的工作中，在适宜的环境支持下，将使得每一个创意都能够得到快速且有效的验证与发展。业界这样的例子很多，例如 Google 的一个仅有六人的团队就开发了 Gmail 产品，进而使其成为当下服务超过 10 亿活跃用户的业务；腾讯的几位工程师用极短时间开发的飞机大战小游戏不仅成为当时的热点，也助力微信成为手机游戏分发平台的执牛耳者。

数据管理也进一步达成了全面的融合。不同业务部门之间不仅能够实现数据互通，还使得数据分析能够跨过部门的边界，从更加综合、更加全面的角度开展数据洞察。数据模型和算法得以优化和完善，能够基于全业务场景达成数据的融合和分析。

5.2.4　全面同步

数字化转型的全面推进，让很多企业开始审视现有业务流程的不足和局限，并积极寻求改变。原有流程的问题往往是由于根深蒂固的部门竖井和本位主义导致对现有流程缺乏洞察，而且僵化的流程缺乏灵活性导致太多的例外发生。数字化手段和理念的引入，加之组织能力已经有了显著的提升，因而能够开启流程再造。通过流程再造，能够实现业务效率的提升，从而增强竞争力。在技术层面，通过人工智能可以实现大量流程的自动化，进而让信息流、资金流和物流都能够以最优的方式进行流转。

由于所有职能部门都具备了数字化能力，企业能够具备价值网络创新能力，进而体系性地提升客户体验、激发组织活力并改造工作方式。此外，也能够全面提升全组织资源综合利用的水平，从而撬动更大的商机与市场。

5.2.5 数字生命体

企业自身的实力与能力提升后，就可以成为具备持续响应需求变化并赢得客户与市场充分信任的领导者。在产品/服务创新、营销和业务运营的各个层面都已经充分数字化，而且还能够以能力开放的方式对生态圈开展更多的赋能。不仅通过数字化平台实现与生态圈中上下游企业或组织的连接，也能够基于自身的实践指导它们的能力提升。对于生态圈的数字化赋能，有助于形成在特定行业和领域的聚合效应，从而能够最大化客户整体解决方案能力和服务能力。

此时，数字化不仅成为企业或组织保持活力的基因，也使得企业或组织成为模式创新的引领者，进而成为制定行业规范、具备持续进化能力的领先者。由于员工在成熟数字化文化的熏陶下已经能够自主持续地拥抱各种变化，也让企业或组织具备了应对各种变化和风险的能力。企业在数字时代的强大生命力还来自生态系统的整体性能力提升，正是产业链的潜力与能量得以汇集，才为企业的发展提供了更加强大的加持。

5.3 数字化转型的挑战与应对

数字化转型从来都不是一帆风顺的，在变革的过程中，企业或组织往往会面临多种挑战，甚至有些企业由于没能有效地应对一些挑战而导致转型失败。在我们开展的企业访谈中，访谈嘉宾都谈及在数字化转型中遇到的挑战。这里我们列出了几个典型的挑战，通过对其进行分析来提供应对的建议。

5.3.1　流程再造的阻力

在组织的发展过程中，往往由于某个时期的特定需求和场景设置了一些职能和流程，而这些职能和流程在当下却不一定对组织的发展有益。数字化转型作为一个体系性的变革，必然需要对业务流程进行必要的梳理与重构，从而在客户体验、敏捷性、业务增长、生产力提升、成本节约等方面产生实质性的收益。

在访谈中，我们看到流程再造的阻力主要来自以下几个方面：

- 某些团体的利益受到冲击。有些企业在某个时期基于当时的场景和技术条件而设立的一些部门，随着业务的发展可能已经不再具有相应的价值。在流程再造的过程中，这些部门为了既得利益就会发出反对的声音或者不积极配合。
- 部门墙及本位主义。由于管理者的格局不够，往往导致组织的部门之间缺乏有效的沟通与协作，在工作中往往会把本部门的利益看得过重而不会换位思考。部门墙作为一种组织内非常常见的问题，不仅会导致大量烟囱式的系统被重复开发，而且还使得很多跨部门的业务流程烦琐且效率低下。
- 推卸责任，不愿担当。组织中的流程复杂且效率低下的另一个原因就是当事人不愿意承担相应的责任，期望由他人来做出某些决策，从而导致很多流程的流转过程牵涉众多的角色和职能部门。

以上原因导致的流程问题，一方面限制了生产力的发挥，另一方面僵化的流程导致了很多工作都要例外处理，从而使流程不具备自动化、智能化的可能性。

对于这种阻力，企业首先需要加强企业文化的宣导，以及对员工思想意识层面的引导。其次要强调价值观的作用，让员工充分认识到变革的必要性，并且认可数字化转型的目标与考量。只有上下同心，才能够减少转型过程中人员主观表现出的消极、质疑或者抗拒的问题。

针对流程再造，需要建立企业级的建模方法，全面建立统一的流程模型、数据模型、产品模型以及用户体验模型。Forrester 在其研究报告中指出，流程问题的一个原因就是对现有流程缺乏洞察，所以需要对流程建模，从而对流程进行详细梳理与分析，进而明确其对组织的挑战是什么。之后，以客户价值为导向进行重新定义或优化，在获得高层的认可和支持后，也可以裁撤不必要的职能部门和团队。在新的流程设计时就要考虑到跨越部门之间的阻隔，实现共享与复用。各个环节都要明确谁对结果负责，避免流程中掺杂太多不对结果负责的角色与环节。

流程的自动化与智能化是数字时代的重要标志，因此也需要有相应的技术平台来承载业务流程的高效执行。基于大数据、人工智能等技术，能够让更丰富的数据为客户洞察、业务运营等提供有力的支撑，从而指导流程的不断优化与完善。IT 部门可以参考国际工作流管理联盟（WfMC）标准的企业级工作流体系构建流程体系，通过技术手段助力流程再造。

5.3.2　低质量的数据管理与分析

数据作为信息的载体，已经成为数字化转型的核心。随着互联网业务的蓬勃发展，越来越多的案例让所有人都看到了数据所焕发出的巨大价值。数据最初的作用在于对业务过程的记录，但是当下数据已成为商业模式创新、业务流程优化、商业决策制定等的核心依据，变成了具有巨大价值的宝藏。而很多企业或组织由于在数据管理和数据分析等方面的不足，导致对数据价值的挖掘不足，从而并不能达成理想的效果。

对于企业或组织而言，针对数据需要构建完整的数据管理体系，确保有高质量的数据用于分析与挖掘。因此，需要开展一系列的工作：

1）制定数据愿景、使命和战略；
2）确定数据管理原则；
3）梳理数据供应链；
4）定义主数据、元数据管理体系；
5）制定明确的数据治理策略；
6）明确数据相关的角色与职责；
7）定义数据质量标准。

企业或组织可以任命专人担任首席数据官，专注于对数据的理解，全面负责数据管理、数据治理以及数据服务的开发，从而在企业或组织的数字化转型中发挥关键作用。

对于数据的分析，可以在业务部门培养数据分析人员，从业务的需求出发，开展数据分析工作。而技术团队则通过构建数据中台，为跨部门的数据实现可复用的数据模型和算法开发，从而构建一套持续把数据变成资产并服务于业务的机制。通过数据中台使得数据结构和数据资产目录对整个企业开放，所有业务部门都可以通过数据 API 访问数据中台。于是，所有人都能够通过数据资产目录了解公司有哪些类别的数据、包含什么属性、源数据由谁管理，这样就可以快速搞清楚数据是不是自己需要的。但数据本身可以不开放，因为数据是有隐私信息和安全级别的。

5.3.3 缺乏战略指引与定力

数字化转型对企业或组织而言是一项长期且充满挑战的变革，在变革过程中可能会出现一些艰难的局面：对于有些困难估计不足，导致内部阻力太大；企业或组织内部的一些隐性问题被激发，且没有相应的应对预案；周期较长，涉及决策层变更导致战略意图无法延续。

企业或组织开展数字化转型的关键一步就是数字化战略的制定，需要决策层对宏观政策、行业态势、竞争形势、自身优劣势等进行充分评估，为企业或组织的长期发展确定明确的方向。战略目标不能轻易改变，否则不仅会造成时间和资源上的极大浪费，也会很大程度上影响员工士气和对于变革的信心。因此，对于战略而言，耐心与定力是非常重要的。例如，某国有大型银行核心系统的建设，历经三届领导班子坚定贯彻数字化战略，才使得这一艰巨的任务历时六年成功完成。特别是遇到一些困难和挑战时，决策层提供强力的支持是非常关键的，例如涉及组织架构、人事安排等调整时，决策层需要给执行团队提供足够的支持才能克服某些重大的阻力。

在多变的环境中，执行策略不需要一成不变，而应该适时地结合现实的问题和态势做出调整。在执行中最好参考敏捷的理念，将大型项目分解为小的任务,通过迭代的方式来执行。这样做的好处在于,一方面能够以相对较高的效率完成复杂的项目,而另一方面迭代的方式可以灵活应对各种变化。

5.3.4 "两个世界"问题

数字化转型中新的模式、理念和工具往往不能按照现有的传统规则和体系去对待,因此需要为其提供一定的隔离环境,才能让其成长和壮大。在霍煤集团的案例中,我们可以看到虽然在庞庞塔煤矿成功实现了 5G 建设,但是在向同行业推广中就遇到新设备不符合现有标准的问题。因为现有的标准和指南还是基于工业以太网的,导致新设备在建设指南、验收方法等方面都不能满足要求。为此,在继续推进 5G 建设的同时,国家八部委也联合发文提出"结合部门职责分工,协同推进煤矿智能化标准的制修订工作,强化基础性、关键技术标准和管理标准的制修订;加快煤矿智能化建设术语、数据管理、技术装备及煤矿机器人等相关技术规范、产品标准和检测检验规范的制修订"。

甚至有些企业在开展转型时选择让重点人员脱离原岗位,全身心投入转型工作,其背后的思考也是让他们不受原有岗位职责的局限,从而能够更加客观、中立地开展工作。此外,也需要考虑改变对某些人员的绩效考核标准,特别是承担创新工作的人员就不能被日常的 KPI 指标所束缚。创新是具有风险性的,它受到外部环境的不确定性、技术创新项目本身的难度与复杂性以及创新者自身能力与实力的有限性的影响。对于创新,企业或组织首先要考虑的是为其构建适宜的环境支持，让参与创新的人不受传统管理体系的干扰，才能激发员工创新的激情和活力。

5.4 数字化转型的组织管理

5.4.1 打造敏捷组织

2001 年发布的敏捷宣言为软件开发建立了新的价值观，从以前只关注流程、文档和计划，变为更加关注个体与互动，非常强调灵活、高效地响应变化，并通过及时且持续不断地交付有价值的软件来满足客户的需求。随着越来越多的开发团队引入敏捷实践，其所倡导的价值观和原则已经不仅局限在软件开发领域，而是被更多的领域和团队所认可，于是构建敏捷型组织成为组织管理的共识。

麦肯锡在 2017 年发布的"How to Create an Agile Organization"中对敏捷组织的描述是快速调整战略、结构、流程、人员和科技以获得产生价值和保护已有价值机会的能力。组织对于敏捷能力的追求主要源于商业环境愈发复杂且多变，如果不对原有的工作模式和管理理念做出调整，就将在日新月异的竞争环境中始终处于被动的局面。

对于任何一个业务或产品而言，在其不同阶段的关键诉求也是不同的，初期需要基于客户需求快速构建并通过不断的迭代来完善与优化，在业务规模变大之后就对稳定性的要求更加迫切，只有为客户提供稳定的服务与支撑才能持续保证最大化的价值输出并且保障最佳的客户体验。为了达成灵活动态与稳定可靠这两个诉求，就需要在以下方面开展切实的工作：

- 在人员层面对所有人员开展相应的培训，增强其对敏捷价值观和原则的理解。基于成长型思维打造敏捷创新的文化氛围，释放员工的生产力潜能，深入理解客户需求并主动将创新落实到实践。
- 在流程层面赋予员工足够的自主性，力求发挥自组织的价值，让团队成员能够把精力集中在价值创造的活动中。通过流程为跨团队协作和资源共享打好基础，定义高效的协作机制来发挥组织的能力。
- 在组织架构层面应基于创新和灵活的诉求来构建小规模敏捷创新团队，并基于业务运行的最低规模来定义其角色和职责。针对敏捷团队的局限性，组织层面需要在流程、策略及规范方面给予相应的支持与辅导。
- 在技术层面则通过构建共享的数字化平台和工具，为所有敏捷创新团队提供强有力的支持。数字化平台和工具不仅为协作和创新提供了便利，还可以实现工作方式的标准化，基于一系列的规范化定义，为所有开发工作和业务运营提供稳定的基础保障。

5.4.2　大规模敏捷在组织内的应用

随着敏捷实践在很多企业内广泛推广，敏捷宣扬的宗旨在团队层面或产品级别已经取得了很好的效果。但是，进一步上升到产品组合或者企业级实践时，就需要有更具系统性、规模化的方法来指导具体实践原则的落地，让单个团队能够更好地适应大规模的敏捷协作。

SAFe 作为支持大规模敏捷实践的一种方法，重新定义了可扩展的敏捷框架模型，如图 5-2 所示，同时也能够降低大型团队管理的复杂性。作为一种知识库，它融合了精益、敏捷、DevOps 等方法论，基于经过验证的原则、实践与能力助力企业达成业务的敏捷性。

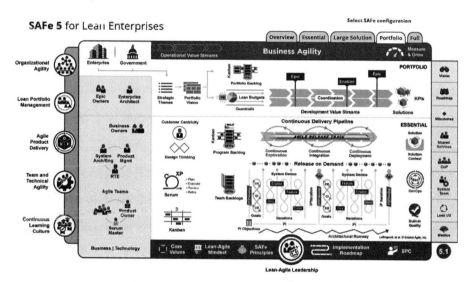

图 5-2　SAFe 5 框架[一]

数字化转型正在推进到几乎所有的业务流程。人工智能、大数据、云计算等技术正在带来创造新的客户价值的可能性。新的商业机会更加频繁地出现，其中许多有可能颠覆现有的市场。持续利用这些技术的公司将获得更多的客户，并提高现有客户的价值。为此，SAFe 引入业务敏捷价值流管理，帮助企业快速感知变化并做出响应，从而在机会窗口关闭之前找到理想的解决方案。

SAFe 将业务敏捷价值流分为感知机会、投资 MVP（最小可行产品）、以价值为核心的组织、交付 MVP、改变方向或坚持既定方案、

一　见 https://scaledagileframework.com。

持续交付价值及学习与适应等 7 个步骤。通过将开发价值流与运营价值流联系起来，使得为响应业务机会而开展的运营价值流与开发价值流能够高效地交互。业务敏捷价值流可以帮助组织快速识别机会并在很短的时间内交付客户价值。

企业在成长过程中形成的组织结构经历了时间的考验，在结构、实践和策略方面往往有其成功之处。未来可能会遇到客户需求显著变化、颠覆性技术或者竞争对手出现的局面，于是企业原有的组织层次结构就可能受到严峻的考验。因此，需要围绕价值设计第二个运营系统，让组织恢复创新能力的同时也利用好原有组织层级结构的好处与稳定性。企业的第二套运营系统应该建立在精益、敏捷和 SAFe 实践的基础上，为此需要构建包含企业级解决方案交付能力、敏捷产品交付能力、团队和技术敏捷能力、精益投资组合管理能力、组织敏捷能力、精益敏捷领导力、持续学习文化等数字时代的核心竞争力。这也与前文所探讨的"两个世界"问题相呼应，即要为新业务形态和新理念提供适宜的环境支持。

5.4.3 业务与 IT 深度融合

数字化转型不仅仅是技术部门的事情，更需要技术部门和业务部门之间强有力的配合。在传统的观念中，IT 往往被定位成业务的支撑部门，经常是被动实现业务的需求和 IT 系统的构建。在数字化时代，IT 需要走向前端，与业务部门共同交付商业价值，业务与 IT 需要深度地融合在一起。

如何才能使业务与 IT 融合在一起？

业务战略和 IT 战略的融合。传统模式下，业务战略制定后，IT 部门会根据业务战略再来制定 IT 战略。现在，数字技术已经成为组织获取竞争优势的重要手段，只有技术与业务融合在一起考虑，才能产生更大的竞争力，因此，业务战略和 IT 战略同时制定，或者合并制定一个战略才更有价值。

增强业务与 IT 的协作。BizDevOps 这个概念来源于 DevOps（Development and Operations，开发与运维），DevOps 增强了开发与运维人员之间的协作，通过流程的改造和自动化工具的使用，使得组织构建、测试和发布软件的速度更快、频率更高，也更加可靠。虽然 DevOps 的名字仅仅包含开发与运维，但是没有业务部门的参与，是不可能成功交付数字化产品的，DevOps 在很大程度上也依赖于业务部门的参与。因此，有人提出了 BizDevOps 的概念，在 DevOps 的基础上，把 Biz（Business 的美国俚语）也加在了名字中，从这个变化可以体现出 BizDevOps 的概念更多地关注商业价值的实现，更加符合时代特征。BizDevOps 不仅包含了 DevOps 的所有内容，还在 DevOps 的基础上引入了业务角色的参与，例如销售人员、市场人员、产品研发人员，甚至最终客户，这些业务人员的及早参与，有利于需求在迭代的过程中逐步细化，以及需求实现过程的跟踪和监控。

让业务人员也具备快速开发的能力。在组织内部，可以通过无须编码的自动化工具和平台，让业务人员将自己的想法快速变成一个可以运行的系统，并通过小范围的试用来检验想法的可行性，而 IT 人员则可以将更多的精力放在具有可行性的想法的功能实现，以及持续优化自动化工具和平台上。这样既能保证组织的创新能力，也能让业务和 IT 人员更加理解彼此的工作，拥有共同的语言，快速实现商业价值。

5.4.4 建立统一的流程

对于许多传统公司来说，数字化转型的第一步，也是非常重要的一步，就是在整个企业中形成统一的流程。大型公司通常部门壁垒森严，每个部门都有自己的业务流程。在这种情况下，形成对客户或产品的共同理解是非常困难的，而没有共同的理解，过程优化甚至数字化转型是不可能有效的。因此，流程的统一是数字化转型中非常重要的环节。

构建这种流程能力，形成统一的流程，需要从以下几个方面着手。

（1）从全局出发构建流程

一个组织的流程之所以混乱，往往是因为梳理流程仅仅从部门和职能的角度出发，而忽略了组织是一个整体。我们必须明白流程存在的根本目的是让组织的各个"器官"有效协调，而不仅仅局限在告诉员工工作怎么做。

（2）流程是有层级的

与地图分为世界、国家、省、市、区、县、街道等不同的粒度一样，流程也需要建立这样清晰的关系。在建立企业级流程的实践中，我们通常建立五个级别（如图 5-3 所示），分别从价值链、价值域、流程、活动和操作步骤进行细化和构建。

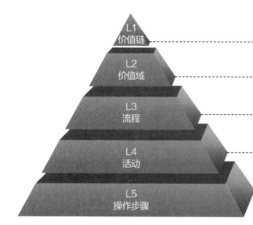

图 5-3　流程层级

（3）流程需要端到端的思考和构建

所谓"端到端"就是从客户的需求端，到满足客户需求端，两端均连接了市场。这是组织梳理流程的关键原则，因为满足市场需求才是组织生存的前提，组织的流程也必须从这个角度进行构建，从这个角度出发和思考，会发现组织的现存流程中隐藏着很多不合理的地方，要加以修正和改善。

（4）流程需要精益和敏捷

流程需要精益和敏捷。许多组织的流程烦琐，究其原因，是在用流程推卸责任，而不是为了更好地协作。为了推卸责任，恨不得在流程的每一个环节上都加上审批的步骤，以方便追究责任，组织的运营效率和对市场的响应效率会大打折扣。因此，在流程设计之时，就必须采用精益和敏捷的思想，减少不必要的环节，提升组织应对市场的响应速度。

（5）流程需要被数字化

流程如果停留在文件中，那么即便它被制定出来，也很难持续发挥作用。流程必须实现在信息系统中，这样流程不仅能够真正被使用，而且流程过程中产生的数据，也可以反过来用于优化流程。

（6）流程需要持续的优化

流程需要持续的优化，时刻响应业务和市场的变化。有生命力的流程不可能一成不变，流程需要组织投入大量的精力来关注它。

5.5 数字化人才培养

在瞬息万变的时代中，如何快速适应外部环境并保持组织与人才的领先性，对任何一个企业来说都至关重要。当前，人类的认知世界呈现出了不对称、不确定和很复杂三大特征，而数字技术的进步则将这三大特征进一步放大。在这一背景下，未来组织的建设与管理也产生了翻天覆地的变化。只有遵循"开放优于封闭""外焦点优于内焦点""关注整体优于关注部件""自组织优于他组织""迭代优于计划""韧性优于刚性"六大管理原则，未来的组织模式才能在控制与逆控制中找到平衡。此外，未来组织的打造还需注意七大要点，包括找到合适的人、组织架构适度扁平化、缩短权利距离指数、打造自组织、对前端小团队授权赋能、小组织与大组织协同，以及使用数字化工具，只有这样才能真正有力地对抗外界的变化，在时代的洪流中保持组织管理和人才培养的先进性，为社会源源不断地创造价值。

作为一个物理概念，熵代表的是无序的程度。对于一个孤立封闭的系统而言，随着熵的增加，这个系统会最终达到热寂状态，再也没有任何有效的活动。如果我们把企业或组织看作一个系统，那么它也会随着熵增而出现组织懈怠、流程僵化、创新乏力、墨守成规等问题。因此，在数字化的时代背景下，企业必须通过数字化转型实现组织熵减，从而实现永续发展。为了实现熵减，企业应该以价值创造为核心，强调数字化资源配置的效用，专注于复合型人才的培养，从而构建企业的耗散结构，实现企业的开放格局，促进与外部进行能量与信息的交换，加速持续改进使企业远离稳态，并促进企业内部的立体化、非线性化学习发展。

对于企业而言，文化对于人才的培养和发展也发挥着至关重要的作用。因为文化的影响一方面表现在支配组织能够由什么样的人构成，另一方面也决定了思维方式。企业文化是企业竞争优势的来源之一，因为企业的持续成长需要企业文化来支撑。彼得·德鲁克说过"文化能把战略当早餐吃掉"，因此企业需要根据外部环境的要求去构建与企业战略及企业环境相匹配的企业文化。数字化转型中，企业文化中所倡导的价值观就是一切行动与任务的依据和准则。数字化转型也是一个长期的过程，企业文化在其间对人员的意识和思维起着不可替代的支撑作用。企业文化将让整个组织的领导者与员工对前进的方向形成共识，而且在思维模式和行为上达成一致。企业文化也会引导员工为了在组织的发展中收获成功、达成自我实现，乐于为掌握新的技能而继续学习。

5.5.1 人才培养的转变

IT部门作为数字化转型的支点，其人才的培养也是数字化转型的关键举措之一。作为长期关注 IT 人才培养的组织，在与客户共同成长的过程中，我们看到当前 IT 人才培养呈现以下几个转变。

第一个转变：从关注个人培养转向更加关注团队和组织的能力培养

随着 IT 部门的不断成长，所有企业都开始组织 IT 团队的成员不断学习项目管理、IT 治理、企业架构等方法论并取得相关认证。大量面向个体的专业培训的开展，帮助 IT 团队成员在各个专业领域内显著提升了能力，与此同时，对团队和组织能力提升的诉求也愈发强烈。因此，我们将能力分成三个层级，如图 5-4 所示。

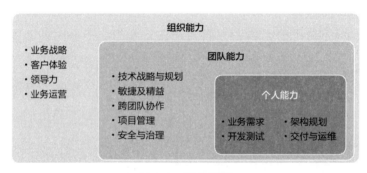

图 5-4 能力层级

- 在个人能力层面，更多地从角色的划分来规划相应的方法论及工具的学习，其关注点在于员工对具体方法论和工具的掌握，从而能够有效完成职位所要求的工作。
- 在团队能力层面，随着 IT 部门的规模不断扩大，专业分工更加多样化，对于团队协作、敏捷及精益等的关注度更加突出。团队能力培养的诉求是对构建高效协作的环境并提供满足业务发展所需的敏捷化过程的支持。

- 在组织能力层面，关注于对业务战略的理解，从而能够制定相应的 IT 战略，更好地支持在用户体验、运营支持等方面的综合能力。

第二个转变：从理论学习向落地实践的转变

历经多年的发展，大量的企业业务在不断地发展，相关人才也在不断地成长。企业在不断沉淀实践与经验的同时，IT 人才已经对很多方法论有了全面的了解。此时，关注点已经从单纯的理论学习转向如何结合企业的业务场景和现实需要去定制和优化方法与理论的运用。因此，不同企业在实践中所沉淀的思考与总结成为 IT 人才学习的重点，进而能够指导自身企业的落地实践。

第三个转变：跳出 IT 专业领域而关注更广泛的领域

IT 部门是企业或组织的关键职能部门，不仅承载着所有业务的开发与运营，还是助力业务创新的重要源泉。因此，IT 人才的培养在专业技能之外，还需要从更广泛的领域输入新的理念和思维。IT 人才只有具备更开放的视野、更丰富的知识体系，才能跳出 IT 思维的局限，从更多的视角去思考 IT 技术能够带来哪些更大的价值。

我们在与大量客户合作的过程中，正是结合以上的转变而有针对性地提出定制化的人才培养方案，在不同的层面，以不同的手段来开展对 IT 人才的培养。例如，在中国农业银行、中信银行等面向 IT 经理及核心骨干的培训项目中，都把跨部门沟通与协作作为重点课程。通过场景演练的方式，让学员掌握如何构建信任、如何消除沟通障碍，课程最终得到学员的一致认可。对于项目管理这类大家已经非常熟悉的课题，则通过研讨与工作坊的方式，让参训者共同发现不足，共同探讨具体工作中的难点，从组织层面来思考如何进一步优化相应的流程与规则。通过连续两年创新大赛的开展，让运维团队的人员主动开始思考工作中的痛点，自主思考应对的创意和想法，结合敏捷、精益、产品管理等方法，成功地激发了员工的积极性，让学员跳出刻板的岗位职责，主动求新、求变。

5.5.2 技术与思维并举

在实际工作中，我们看到企业在人才培养时，往往专注在人员对技术、工具和方法论的学习上，而没有重视人员对于思维的理解与吸收。曾经某银行的开发中心发生过这样一件事：在开发某个软件时，客户方和主管经理都认为之前规划的某个功能应该取消，但是产品负责人（Product Owner）则认为必须按照制定好的迭代计划继续开发，在之后的迭代中再考虑客户方的想法。从这个案例中可以看到，这位产品负责人并没有理解敏捷思维的宗旨，而是机械地照搬方法论中的流程在开展工作。

我们强调技术与思维并举的目的就在于让人员在学习中不仅知其然，也要知其所以然，这样才能在工作中灵活运用和发挥技术、工具及方法论的积极作用。这里对部分思维做简要阐述。

（1）成长型思维

成长型思维认为人的能力或者才能是可以通过自身的努力和学

习不断提升的。因此，我们需要从错误中学习教训，通过积极、频繁及建设性的反馈，让成员不断地学习和成长。其关键特征是时刻准备好去赋能他人，并且拥有很高的学习热情。这种思维对于企业或组织的意义在于，可以摆脱只能从外部引入专家才能掌握新技能和方法的局限性，而投入更多的精力支持现有人员的能力提升与成长。萨提亚·纳德拉在《刷新：重新发现商业与未来》中详细阐述了他如何基于成长型思维重塑微软企业文化，从而激发了组织的自发性和创造性，让微软从低谷走上新的高峰。

（2）敏捷思维

敏捷思维的核心并不是一味地追求开发的速度，其最重要的诉求是快速响应客户的需求变化而且保证质量。因此，Scrum 框架围绕敏捷的 12 条原则设计了三个角色、三个工件和五个会议，从实践角度指导团队的工作。每一次的 Sprint 计划会议都会对待办事项做评估与估算，从而保证重要的需求被赋予高优先级，而且确保高品质的产品设计。通过快速迭代来及时验证产品是否满足需求，从而减少不确定性并持续交付可运行的软件。

为了能够适应多变的外部环境，敏捷思维的意义不仅在于员工能力的提升，还在于构建敏捷型的组织。敏捷型组织是敏捷思维、自组织及成长型思维的综合体，它具备对竞争、需求、技术和政策发生变化时快速响应并做出相应调整和变化的能力。

（3）精益思维

来源于丰田生产系统（Toyota Production System，TPS）的精益

思维，强调减少浪费、持续改进。现实工作中很多企业都出现大量工作并行开展的情况，但是大多数情况下绝大部分工作都处于"半成品"状态，从而导致大量资源和时间的浪费。因此，IT团队中应该建立基于"单件流"的流水线式IT服务供应链，让团队成员能够主动集中精力把重要的工作一贯到底地完成。而JIT（Just in Time）理念则意味着尽可能实现自动化，并且当生产过程出现缺陷时能停止整个过程，从而避免更大的损失。

（4）数据思维

数据思维是把业务问题定义成数据可分析问题，意味着需要准确定位业务的核心诉求，然后有意识地利用各种数据分析工具去找到影响核心诉求的相关因素。通过对数据的分析发现相关性与关联性，用演绎法完成从一般到特殊的推理，从结论中揭示业务内部的问题原因。它包含一切皆可测、一切皆可连及一切皆可试的理念，从而实现从以流程为核心到以数据为中心的转变。

（5）产品思维

产品思维的核心就是能通过正确和有效的方式发现用户的真实需求并解决他们的问题。产品经理需要理解用户、界定问题、构思方案、制作原型并测试反馈，因此产品经理需要深入观察用户行为，将思路可视化，从而调动创意，通过快速迭代和收集用户反馈来不断优化产品。产品思维意味着并非要产品经理自己苦思冥想产品应该是什么样的，而是要从产品的使用者那里得到一些想法。因此，产品经理要保持开放的心态，及时了解用户的反馈。

5.5.3 专业人才培养示例

网络安全是当下企业或组织面对的一项艰巨的挑战，因此安全专家培养的需求也极为迫切。这里我们以安全攻防专业人才的培养为例来阐述对于技术专业人才的培养。对攻防专家团队进行分阶段培养的目标是重点提升攻防团队成员的以下能力：

- 动手能力：通过丰富的演练与实操提高团队成员的实际动手能力，让团队成员能够熟练掌握工具和方法的使用，从而得心应手地快速完成特定任务要求的操作。
- 分析能力：解决攻防团队成员的实践需求，培养他们对各种安全事件的独立分析能力，使其能够主动分析复杂系统中的多种信息，并快速定位漏洞与风险。
- 实战能力：让团队成员在专家的辅导下针对实际业务环境的需求开展一系列实战实操，持续提升对现网业务和环境的理解，并通过不断监测攻击行为和修筑防御工事的方式切实提高网络安全攻与防的实战能力。
- 应变能力：不拘泥于传统的教学模式，而是采取理论与实践相融合的模式，不断开展红蓝对抗的演练，在真实对抗中磨炼团队成员的应变能力，使其具备充足的技能，从而切实提升公司网络安全主动防御水平。

为了达成攻防专家团队的培养目标，需要分阶段、分步骤地开展一系列的培养活动，不仅有体系地培养专家成员，也通过广泛的安全培训活动使所有安全岗位相关人员的安全意识和能力得到提升。

1. 分阶段的专家培养

作为一个长期的专家人才培养项目，需要把人才培养的目标分解到每一个阶段，并在每个阶段中有所侧重地组合不同的培养手段。为了达成熵减的目标，组织需要秉持开放的心态不断引入外部的输入，人才培养也同样需要不断从外部吸收新的知识与经验。组织应秉持成长型思维的理念，为员工的成长提供综合的培养方案。安全专业人才的分阶段培养如图 5-5 所示。

图 5-5　阶段性人才培养

攻防专业人才的培养在三个阶段内逐渐实现能力的提升，外部专家在整个过程中的定位和培养输出也相应地进行调整。总体的思路是，初期外部专家承担更多的培养任务，后期则更多地强调团队成员自身的主动学习和实战实操。

- 第一阶段。第一阶段的培养目标聚焦在基础能力的提升，因此外部专家将更多地讲解攻防工具的使用，并结合典型案例的深入分析让团队成员对安全攻防的思路和方法有深入的了解。在本阶段中，攻防专家团队成员应该掌握常用的工具与方法，在外部专家的带领下开展"红蓝队"攻防实战演习，达成夯实基础的目标。

- 第二阶段。第二阶段是攻防专家团队快速成长的阶段，外部专家对其培养的目标从基础能力提升转变为能力深入培养，不仅要深入理解典型漏洞的原理，而且能够在复杂环境中综合运用攻防工具进行实战对抗。在本阶段中，团队成员应该仅需要专家的指导就可以主动开展"红蓝队"攻防实战演习，实现从被动执行到主动独立开展工作的转变。在实战实操的训练中不断磨炼动手、分析、实战与应变的能力，并开始进入主动学习的状态。

- 第三阶段。第三阶段是团队成员能力培养的最终阶段，他们对于攻防的理解已经非常深入，而且能够理解业界对攻防工具的优化并且开始参与新漏洞的挖掘。本阶段对外部专家的定位是持续赋能，更强调团队成员的自主学习和实战实操的能力锤炼。

在分阶段的专家培养过程中，每个攻防专家团队成员都要经历从具备基础技能的安全人才到资深安全专家的成长过程。为了达成培养目标，还要综合考虑以下原则。

- 一专多能。安全攻防涉及众多的专业领域，每一个团队成员不可能在所有的技术领域都做到最强。因此，在培养的过程中需要结合每个成员的兴趣和专业经历，突出某个专业领域的特长培养。

这意味着每个成员在熟练掌握通用的技能后，将深入学习互联网攻防和内网渗透等专项知识。每个团队成员一专多能的模式，将保障整个攻防专家团队的能力完备而且专项技能精深，从而构建一个专业全面且技能精深的综合团队。

- 实践出真知。在传统的课堂授课之外，还需要更多地通过对抗性演练来提升团队成员的真实技能。一方面，在专家的辅导下充分结合现网真实案例，深入剖析并加深理解；另一方面，在规则允许下，通过"红蓝队"攻防实战演习等方式开展真实环境的实操演练，促进技能的灵活运用，使其具备解决复杂问题的能力。
- 教学相长。为了达成最终的专家培养目标，就需要把被动接受转变为主动学习，激发团队成员的成长诉求。为此，鼓励学员根据专家推荐的资料开展自主学习并在系统内部进行分享，从而强化对理论、方法和思路的理解。这种方式也有助于人才梯队培养机制的形成。

2. 多种培养手段并举

由于攻防专家团队的培养特点是周期长而且涉及领域广，因此需要灵活组合多种培养手段才能达成最佳的效果。每一个培养手段都有其目的和价值，结合培养步骤的规划，将有助于团队成员快速成长并不断夯实基础。

- 专题培训。作为攻防专家培养的重要手段，攻防专家团队成员将接受系统的专题培训。专题培训覆盖了多个方面的信息安全教学内容，包括实验原理、教学虚拟化环境和实验指导书，能够让学员扎实掌握相关的知识和工具。培训内容主要包括渗透测试的目的、方式、途径、分类、手段等，以及Web安全中涉及的文件上传漏洞、文件解析漏洞、Webshell、文件包含漏洞、逻辑漏洞及SSRF、反序列化漏洞等新型Web漏洞的介绍，并在漏洞利用的基础上进行权限提升与内网渗透的讲解，让学员掌握整个渗透测试流程中涉及的所有技术要点。

- "红蓝队"应急演练。作为一名优秀的信息安全人员，信息安全攻防工具是必备的。信息安全攻防平台为用户提供多类工具的使用，如综合扫描、字典、抓包改包、注入、提权、破解、旁注、目录扫描、漏洞利用、后门、XSS、ARP嗅探、MD5破解等工具。基于攻防平台提供的丰富场景，团队成员得到充分的攻防锻炼，将工作中可能经历的各种安全对抗，通过一种特殊的竞赛模式提升成员的动手、分析、实战与应变能力。在演练中促使成员既要了解如何利用这些漏洞进行攻击，也要了解如何快速针对发现的漏洞进行修复与防护。

- 实战实操。让学员在严格满足安全规则和政策的要求下，开展现实生产环境的漏洞挖掘和安全防护。实战实操采取"师徒制"模式，从初期需要外部专家全程指导来开展现网环境的攻防实操，到中期外部专家只需适时给予指导，再到后期团队成员能够完全独立、主动地完成现网环境中自主发现漏洞并有针对性地实现相应的安全防护。

    实战实操的价值体现在加深专家成员对现网安全环境的理解，同时，随着实战实操的不断开展，系统安全性也能够持续得到提升。

- 专家沙龙。安全行业的发展日新月异，团队成员需要始终保持对新技术、新趋势的关注与了解，而且除了技术、技能的培养，更重要的是培养其攻防思维和对问题的分析能力。专家沙龙不同于标准的课堂授课，外部专家在沙龙中主要是为学员答疑并鼓励学员主动思考。

在沙龙中会结合现网已知风险和漏洞，让学员开放讨论防护手段和思路，专家进行答疑和点评。专家也会分享最新的安全事件和趋势，让学员结合现网环境进行深入的研讨。

- 学习分享。人才培养过程中，一个典型的问题是学员对知识的掌握并不扎实，虽然能够使用工具完成相应的工作，但是由于对原理的理解并不深刻，往往带来误操作、操作不严谨等问题。要应对此类问题，可在专家团队成员培养过程中安排若干学习分享活动。学员首先根据专家的建议开展自主学习，然后学员给系统内人员进行分享。通过"学员变讲师"的方式，让学员能够真正理解原理和细节，而且在准备授课的过程中也促使团队成员对知识和技能进行细致的梳理。随着学习分享的不断开展，另一个优势也会逐渐显现，即极大地促进了内部人才梯队培养机制的完善。

结　束　语

2015年12月，习近平总书记在第二届世界互联网大会上发表主旨演讲，指出中国将推进"数字中国"建设，发展分享经济，支持基于互联网的各类创新，通过发展跨境电子商务、建设信息经济示范区等，促进世界范围内投资和贸易发展，推动全球数字经济发展。从此，数字经济发展上升至国家战略高度。实体经济与虚拟经济的融合、制造业与互联网的深度融合成为数字经济持续发展的重要方向。在融合的过程中将催生更多新模式、新业态，从而对技术创新和模式创新提出了更高的要求。

数字化转型是一项复杂且长期的变革，因此不能一蹴而就，也不会一帆风顺地轻易完成。企业作为践行转型实践、融入产业升级的关键角色，对于数字化转型需要有清晰的认知，并积极主动地开启相应的推进工作。企业在宏观经济环境、产业升级发展、市场竞争等多种因素影响下，需要结合自身的特点来充分分析并制定相应的数字化战略来推进相应的转型。

数字化转型的过程也是组织内能力不断提升的过程，因此建议按照五个阶段的路径推进数字化转型。这五个阶段分别为规划与推动、重点突破、有效变革、全面同步、数字生命体。管理层可以基于转型路径了解并评估企业的当前能力和关键点，从而对于下一步的重点与提升有明确的认识。在具体的执行中，应该采取迭代式执行方式来推进每一个具体的项目，能够让企业在保证战略决策坚定推进的同时，灵活应对具体环境、要素等的动态变化。而且迭代式执行与成长型思维相结合，也能够有效地让相关人员在实践中高效地达成目标并不断地总结与成长。

IT部门在技术、流程等方面的专业能力及对新理念与新思维的主动实践，使之成为数字化转型的支点，从而让企业或组织在业务创新、运营管理等方面的投入能够最大效率地撬动更大的商业机遇，承担更大的社会责任。IT部门在数字化转型中发挥着关键的作用，因此需要积极参与到企业的数字化战略规划中并以自身的专业能力完成几项关键任务：构建数字平台、运维体系智能化、数据资产管理、深化安全保障、支撑业务流程再造、助力人才数字素养的提升。通过对新能力的构建，还能够让组织获得最关键的动能来实现业务模式的创新，以及产品和服务的创新与升级。

很多企业已经在数字化转型之路上坚定前行，虽然也遇到了各种挑战与困难，但是披荆斩棘之后它们都交出了亮丽的答卷。前行者的经验与思考，为后继者的旅程提供了重要的指引。

数字化转型是必由之路，砥砺前行是成功的信念，发展与成长是永恒的主题。

推荐阅读

数字时代的企业AI优势:IT巨头的商业实践

作者:[美]托马斯·H.达文波特(Thomas H. Davenport) 著 译者:李毅 译
书号:978-7-111-65877-1 定价:89.00元

本书不仅概述了统计机器学习、神经网络、深度学习、自然语言处理(NLP)、基于规则的专家系统、物理机器人以及机器人过程自动化(RPA)等强大的技术,更解释了它们是如何使用的,以及大型商业企业(如亚马逊、谷歌、脸书)所做的人工智能工作,并概述了成为认知型企业的战略和步骤。适合管理者、CEO和那些为他们的企业寻找人工智能开发指南的人阅读。本书主要关注企业如何利用人工智能/认知技术来获得商业利益和竞争优势。

推荐阅读

建模：数字化转型思维

作者：丁少华 编著　书号：978-7-111-69935-4　定价：89.00元

　　本书作为《重塑：数字化转型范式》的姊妹篇，是对数字化工作的思考和感悟，也是对现有知识的再次整理、加工和诠释。本书以模型思维为范式，介绍了数字化建设和组织转型中所需的模型思维及其特点，并分别从社会技术系统、企业架构、战略管理、流程管理、产品研发、生命周期管理、成熟度、规模定制、制造运营、产品研发、客户关系等领域介绍了组织运营管理的特点、挑战、范式及其如何与数字化建设有效地进行结合。